Elisabeth Gotto

Vaterfiktionen

Zur Darstellung von Vaterfiguren im Hollywoodkino der 80er und 90er Jahre

Elisabeth Gotto

VATERFIKTIONEN

Zur Darstellung von Vaterfiguren im Hollywoodkino der 80er und 90er Jahre

ibidem-Verlag
Stuttgart

Die Deutsche Bibliothek - CIP-Einheitsaufnahme:

Ein Titeldatensatz für diese Publikation ist bei
Der Deutschen Bibliothek erhältlich

∞

Gedruckt auf alterungsbeständigem, säurefreien Papier
Printed on acid-free paper

ISBN: 3-89821-119-3

Stuttgart 2001

Printed in Germany

Vorbemerkung

Töchter haben seit langem über ihre Väter geschrieben – Sylvia Plath etwa oder Marie Luise Kaschnitz, Ingeborg Bachmann und Christa Wolf zum Beispiel, auch wenn sich die Hochliteratur eher für die konfliktreichen Beziehungen zwischen Vätern und Söhnen interessierte. Ebensowenig fehlt die Auseinandersetzung mit der Vaterrolle in der Wissenschaft. So rückt mit dem Aufkommen sozialgeschichtlicher Familienforschung in den beginnenden 70er Jahren der pater familias sichtbar ins Zentrum der Aufmerksamkeit.

Für die Filmwissenschaft hingegen ist die Fragestellung nach der imaginierten Väterlichkeit eine relativ neue. Erst als sich im Zuge der Genderforschung die *Men's Studies* als eigenständiges Forschungsfeld zu entwickeln beginnen und Männer ihr Geschlecht entdecken, setzt, wenn auch nur zögernd, ein Interesse für die Darstellung von Vaterfiguren ein. Nach dem "Glanz und Elend der Muskelmänner" hat Hollywood inzwischen ein neues Männerbild kreiert: gespaltene, wankelmütige und widersprüchliche Leinwandfiguren, die mit der ihnen gesellschaftlich diktierten Rolle kaum mehr zurecht kommen. Dass der Mann in die Krise geraten ist, Probleme mit den herkömmlichen Vorstellungen von Männlichkeit hat und sein Glück häufiger im Kinderzimmer als in den Chefetagen renommierter Unternehmen zu finden vermag, das thematisieren bereits einige Filme der 80er Jahre. "Filme wie *Drop Out Father* (1982), *Mr. Mom* (1983), *Three Men And A Baby* (1987) oder *She's Having A Baby* (1988)", schreibt Lisa Gotto, eine der jüngsten und neugierigsten Filmwissenschaftlerinnen der Bundesrepublik, "präsentieren Männer, deren neuer Lebensmittelpunkt Wiege und Windeln geworden sind" und deren "höchstes Glück" in der "liebevollen Beschäftigung mit Kindern" liegt.

Ein spannender Paradigmenwechsel. Lisa Gotto verfolgt ihn nicht bloß als filmimmanente Variante von Hollywoods Traumfabrik. Sie erörtert ihn im Kontext ökonomischer Rahmenbedingungen, im Kontext der Rassenzugehörigkeit und der Geschlechterkonditionierung. Sie zeigt auf, wie das Erscheinen des Vaters im Mainstreamkino parallelläuft mit dem Verschwinden der Mutter. Was stattfindet, ist eine Art Platzwechsel. Das Familienzentrum wird fortan immer öfter durch den Vater besetzt, während die Mutter an den Rand rückt. Die dynamische Karrierefrau schafft neue Aktionsräume für den Vater. Wo verblendete Mütter versagen, werden verantwortungsvolle Väter aktiv. Doch der Wechsel innerhalb des traditionellen Geschlechterverhältnisses lässt sich nicht bloß als emanzipatorische Botschaft interpretieren. Dass damit oftmals eine massive Mutterschelte verbunden ist, auch das macht Lisa Gotto deutlich.

Ebenfalls spannend zu lesen sind ihre Ausführungen zu den Vaterrepräsentationen des *New Black Cinema*. Hier unterbreitet sie ganz neue Forschungsergebnisse. So zeigt sie am Beispiel von Spike Lees *Jungle Fever* (1991), wie sehr es diesem Regisseur gelingt, die Statik bisheriger afroamerikanischer Vaterdarstellungen aufzubrechen und die Ambivalenzen im Spannungsfeld von ethnischen, soziokulturellen und sexuellen Dimensionen deutlich zu machen.

Ein wichtiges und wegweisendes Buch.

Bonn, März 2001
Renate Möhrmann

Inhaltsverzeichnis

I. Einleitung

> Das Vatersein gehört zu den mysteriösesten, am wenigsten verstandenen Beziehungen überhaupt (Osherson 1996: 7).
> In Wirklichkeit ist es unmöglich, ein Bild des Vaters zu zeichnen (Badinter 1997: 203).

Das Thema Vaterschaft war und ist ein brisantes Thema, das in ganz unterschiedlichen gesellschaftlichen, kulturellen und politischen Kontexten eine wichtige Rolle spielt. In den letzten Jahren ist es, wie William Marsiglio feststellt, zu neuer Aktualität gelangt: "Fatherhood remains a hot topic in the 1990s as is evidenced by the extensive public debate and scholarly inquiry it has generated in recent years in North America and Europe" (Marsiglio 1995: 1). Auch wenn sich der Vater inzwischen als Forschungsobjekt breiter Beliebtheit erfreut, so ist doch bemerkenswert, dass eine sozialhistorische Erforschung des Konzepts Vaterschaft, bzw. eine Untersuchung der Motivvielfalt in der Kunst, bislang fehlt. "I am annoyed that we lack a history of fatherhood", konstatiert Thomas W. Laqueur (1990: 205) und beschreibt damit treffend die defizitäre Lage der Forschung. Während die Thematisierung von Mutterschaft, bzw. die Darstellung der Mutter in unterschiedlichen künstlerischen Genres von feministischer Seite bereits untersucht wurde (vgl. Kaplan 1992, Brauerhoch 1996, Möhrmann 1996), wurde die Frage nach der Ästhetisierung des Vaters selten gestellt. Eine Kulturgeschichte des Vaters liegt bislang höchstens ansatzweise oder in Auszügen vor (vgl. Jones 1974, Kimmel 1996 und Lenzen 1997).

Seit Beginn der 80er Jahre haben sich in den USA die sogenannten *Men's Studies* als eigenständiges Forschungsgebiet entwickelt. Sie bezeichnen eine Forschungsrichtung, "in der Männer als Geschlechtswesen untersucht werden und die männliche Erfahrungen als spezifische und kulturell wie geschichtlich variierende zum Thema macht" (Walter 1996: 14). Nachdem die Frauenforschung traditionelle Weiblichkeitsstereotype, und damit die bisherige Abgrenzungs- und Bezugsgröße der männlichen Geschlechtsidentität, in Frage gestellt hatte, wurde eine Neubewertung von Männlichkeit angestrebt. Herkömmliche Schemata, die den Mann als Maß für den Menschen und als Inbegriff der menschlichen Natur klassifizierten, waren brüchig geworden und mussten aufgegeben werden. Mit der Auflösung scheinbar natürlicher

Geschlechterdifferenzen und -hierarchien ging nach der Einschätzung der Männerforschung eine Krise der Männlichkeit einher, die oft als Symptom einer weitreichenderen, gesellschaftlichen Umbruchsituation bewertet wurde: "The so-called 'crisis of masculinity' can be understood as an aspect of a broader 'crisis of modernity', involving the critique of the mode and categories of Western thought" (Petersen 1998: 15). Innerhalb der Männerforschung erlangte das Thema Vaterschaft neue Bedeutung, da viele Forscher die Krise der Männlichkeit in Zusammenhang mit dem Versagen bzw. der Absenz des Vaters brachten (vgl. Kimmel 1996, Seidler 1997) und sogar vom Niedergang des Patriarchats sprachen (vgl. Ehrenreich 1995). Einigkeit scheint indes darüber zu herrschen, dass der gesellschaftlich-strukturelle Wandel der letzten beiden Jahrzehnte, zu dem insbesondere die zunehmende Berufstätigkeit der Frau zu rechnen ist, zur Auflösung von traditionellen Familienstrukturen und somit zur Neukonzeptualisierung bestimmter Mechanismen männlicher Identitätsfindung wie der der Vaterrolle geführt habe: "Not only as a wage earner but also as a father or family provider, young men can feel lost with the break-up of family relationships and the undermining of traditional sources of masculine identities" (Seidler 1997: 2).
Die vorliegende Arbeit setzt es sich zum Ziel, filmische Darstellungen von Vätern in einem bestimmten historischen und kulturellen Kontext zu untersuchen und der Frage nachzugehen, wie die vielbeschworene Krise der Männlichkeit sowie der oft prophezeite Niedergang des Patriarchats mit der medial vermittelten Männlichkeit und der Präsentation der Vaterfigur zusammenhängen.

Einen ersten Ansatzpunkt bieten die populären Vaterfilme der 80er Jahre, an denen sich die filmische Aktualisierung des Themenkomplexes deutlich zeigt. Initiiert durch den Film *Kramer vs. Kramer* (1979) und gefolgt von Filmen wie *Mr. Mom* (1983) und *Three Men and a Baby* (1987), setzte sich eine Entwicklung innerhalb des Hollywoodkinos durch, die zur Reformulierung der traditionellen Vaterrolle und zur Ausbildung eines neuen Vatertypus führte, der durch Fürsorglichkeit, Emotionalität und Häuslichkeit gekennzeichnet war. Die vorliegende Arbeit begreift diese Tendenz als Anfangspunkt ihrer Analyse. Ausgehend von der filmischen Vaterrepräsentation der 80er Jahre soll der Frage nachgegangen werden, ob sich der beschriebene Trend fortsetzt, ob signifikante Änderungen beobachtet werden können und wie sich Entwicklungen und Modifikationen des Vaterbildes beschreiben lassen.

In einem ersten Schritt soll zunächst der Forschungskomplex der *Men's Studies* unter besonderer Beachtung seiner bisherigen Entwicklung sowie seiner methodischen Vielfalt überblickhaft präsentiert werden. Auch diejenigen Ansätze innerhalb der Filmwissenschaft, die sich mit der medialen Vermittlung von Männlichkeit sowie deren Implikationen für die Organisation von Blickverhältnissen und Machtstrukturen auseinandersetzen, werden vorgestellt. In einem weiteren Schritt sollen die Erkenntnisse der Männerforschung abgewogen, miteinander verglichen und kritisch bewertet werden, um auf diese Weise einen eigenen methodologischen Ansatz entwickeln zu können. Die Frage, welche analytischen Konzepte für die Untersuchung fruchtbar gemacht werden können, wo Schwierigkeiten zu erkennen sind und welche Ansätze einer kritischen Erweiterung bedürfen, steht dabei im Vordergrund. Ähnlich wie die männliche Geschlechtsidentität muss auch die Kategorie Vaterschaft nicht als essentielles Konzept, sondern vielmehr als kulturell produziertes und historisch variables Zeichenkonstrukt verstanden werden. Dieser Erkenntnis soll in einem Kapitel, das die ideologische und kulturelle Konstruktion der Vaterschaft untersucht, nachgegangen werden. An diese vorbereitenden Ausführungen schließt sich die Analyse von Vaterfiguren im Hollywoodkino der 90er Jahre anhand von fünf Filmbeispielen an. Die Filme wurden in drei Gruppen unterteilt, die die Kriterien der Filmauswahl verdeutlichen. Es wurden jeweils Filme ausgesucht, die die Bedeutung bestimmter Variablen für die Konstitution sowohl der männlichen Geschlechtsidentität als auch des väterlichen Rollenverständnisses sichtbar machen. Die Filme werden in chronologischer Reihenfolge analysiert, um zeitliche Entwicklungen berücksichtigen zu können. Die Auswahl der analysierten Filme zeigt eine Konzentration auf die erste Hälfte der 90er Jahre, da sich bereits in dieser Phase wichtige Tendenzen andeuten. Durch Querverweise zu Filmen aus der zweiten Hälfte der 90er Jahre werden die beschriebenen Entwicklungslinien jedoch auch an weiteren Beispielen erläutert. Ausgehend von der Frage, auf welche Weise kulturelle Stereotype der Vaterschaft durch das Medium des Hollywoodkinos vermittelt werden, sollen die Filme unter dem Aspekt charakteristischer ästhetischer Verfahren, wiederkehrender Leitmotive und signifikanter visueller Metaphern untersucht werden.

II. *Men's Studies*

II.1 Methodische Richtungen und gesellschaftlich-kulturelle Perspektiven

Analog zu den seit den 70er Jahren etablierten *Womens' Studies* entstanden in den 80er Jahren die sogenannten *Men's Studies* als eigenes Forschungsgebiet. Ausgehend von den Erkenntnissen der Frauenforschung, die die Kategorie Geschlecht als grundlegendes Analysekonzept eingeführt hatte, begannen die Forscher der *Men's Studies*, ihren analytischen Blick auf die Bedeutung der Konflikte und Ambivalenzen der männlichen Geschlechtsidentität zu richten.
Die Männerforschung kann nicht als homogene Disziplin betrachtet werden, vielmehr vereinigt sie in sich ganz unterschiedliche Ansätze und Richtungen. Im Folgenden sollen daher die Problemstellung der Männerforschung, die verschiedenen methodischen Ansätze und ideologischen Perspektiven sowie das Erkenntnisinteresse dieser Forschungsrichtung vorgestellt werden.
Bereits Mitte der 70er Jahre wurden in den USA die ersten Hochschulkurse, die sich mit Männlichkeitsreflexion beschäftigten, angeboten. Eine institutionelle Entwicklung hin zu einem eigenen Forschungsbereich vollzog sich jedoch erst in der ersten Hälfte der 80er Jahre. Zu Beginn wurden die Kurse, ähnlich wie in den Anfängen der Frauenforschung, vor allem im Rahmen der etablierten Disziplinen durchgeführt (z.B. Psychologie, Soziologie, Englische Literatur etc.). Inzwischen werden *Men's Studies*- Kurse an einigen Universitäten als Teil eines kulturwissenschaftlich orientierten *Gender Studies*-Programms angeboten (vgl. Femiano 1991).
Männlichkeitskritik wird heute mit unterschiedlichen Zielsetzungen und in unterschiedlichen politischen Kontexten betrieben. Zudem präsentiert sich die Männerforschung auch in methodologischer Hinsicht wie ein Kaleidoskop, in dem sich unterschiedliche Ansätze und Argumentationslinien in verschiedenen Schwerpunkten konzentrieren. Die aktuelle Männlichkeitsdebatte, die sich in der englischsprachigen Wissenschaftskultur herauskristallisiert, lässt sich grob in sieben Richtungen unterteilen[1]:

[1] Die kaum noch zu überblickende Anzahl von Publikationen, die das interdisziplinäre Forschungsgebiet der *Men's Studies* hervorgebracht hat, erlaubt nur eine skizzenhafte Darstellung mit ausgewählten Literaturbeispielen, die keinen Anspruch auf Vollständigkeit erhebt, sondern überblickhaf-

1. Profeministische Richtung[2]. Die politische Basis der profeministischen Richtung bildet die antisexistische Männerbewegung. 1982 wurde die "National Organisation for Changing Men" (NOCM) gegründet, die sich seit 1990 "National Organisation for Men Against Sexism" (NOMAS) nennt. Diese Organisation begreift sich als profeministisch und führt seit dem Gründungsjahr jährlich Kongresse durch. Als Splittergruppe entstand die "Men's Studies Association", die vierteljährlich *The Men's Studies Review* herausgab. Diese der NOMAS nahestehende und sich als international verstehende Zeitschrift heißt seit 1993 *Masculinities. Interdisciplinary Studies on Gender*. Ausgangspunkt der Profeministen ist die Erkenntnis, dass beide Geschlechter in einer Gesellschaft leben, die im kulturellen, sozialen und politischen Bereich von männlichen Prinzipien dominiert wird. Dabei richtet sich der Blick vor allem auf Hierarchien und Differenzen unter Männern, die mit Ohnmachtserfahrungen und strukturellen Zwängen einhergehen. Was die feministische Forschung als grundlegende Gedanken und Erkenntnisse zur Kategorie Geschlecht formuliert hat, wird von der profeministischen Richtung aufgegriffen: die Einsicht in die Konstruiertheit des Geschlechts und das Ziel der Auflösung scheinbar natürlicher Geschlechterdifferenzen und –hierarchien. Es geht den Profeministen insbesondere um die Analyse von Männlichkeitsbildern und –stereotypen, um die Demontage von heroischen Männlichkeitsmythen und um die Erforschung von hierarchischen Machtverhältnissen. Zu den wichtigsten Erkenntnissen dieser Gruppe gehört die Feststellung, dass die patriarchale Organisation der Gesellschaft nicht nur für Frauen, sondern auch für Männer eine Form der Unterdrückung darstellt, die Leid und Schmerz mit sich bringt und

---

ten Charakter hat. Auch ist die Unterteilung in sieben verschiedene Richtungen nicht als endgültige, restriktive Einteilung zu verstehen, da sich einzelne Perspektiven überschneiden können (einige Forscher arbeiten z. B. mit einer Kombination des afroamerikanischen und des homosexuellen Ansatzes). Vielmehr verfolgt sie das Ziel, verschiedene signifikante Forschungsansätze in einer Übersicht vorzustellen.

[2] Die Bezeichnung dieser Richtung ist nicht unproblematisch und zudem von ihren Anhängern selbst umstritten (einige nennen sich z. B. "Antisexisten" oder "Liberale Männerforscher"). Riskant ist der Terminus insofern, als dass er Anerkennung und Übereinstimmung mit der feministischen Bewegung sowie des feministischen Theoriekanons impliziert, was nicht immer vorausgesetzt werden kann: " The term 'pro-feminist' is deceptive in that it often conceals ignorance of the complexities of feminist positions and a reluctance to engage critically with feminist theories" (Petersen 1998: 8). Ich beziehe mich im Folgenden auf den von Harry Brod und Michael Kaufman geprägten Begriff der profeministischen Richtung, dem sich inzwischen zahlreiche Forscher der *Men's Studies* angeschlossen haben (vgl. Brod/Kaufman 1994).

deshalb herausgefordert und verändert werden muss (vgl. Kimmel und Mosmiller 1992, Brod und Kaufman 1994, Connell 1996, Seidler 1997, Engelfried 1997).

2. Konservative Richtung. In den 80er Jahren kam es in den USA und in Europa zu einer Gegenbewegung zum Feminismus, die zu einer Reartikulation von traditionellen Formen der Männlichkeit führte. Schon 1977 gründete Herb Goldberg die "Free Men Inc.", die sich für die Rechte der Männer einsetzte; die Nachfolgeorganisation ist die "National Coalition of Free Men", die Kongresse organisiert und die Zeitschrift *Transitions: Journal of Men's Perspectives* herausgibt. 1980 gründete sich der "National Congress for Men ", der heute "National Congress for Men and Children" (NCMC) heißt und sich insbesondere für die Rechte der Väter (z. B. in Scheidungssituationen und Fragen des Sorgerechts) engagiert. Schon früh begannen Anhänger einer moralkonservativen Ausrichtung, feministische Forderungen zu kritisieren und zu attackieren. Sie propagieren einen deutlichen Geschlechterbinarismus, den sie als Grundfeste der Gesellschaftsordnung verstehen. Verbunden mit diesem Konzept ist z.B. die klassische Art der Arbeitsteilung, die dem Mann Dominanz in der öffentlichen Sphäre zugesteht und der Frau hauptsächlich die private Sphäre zuweist. Anhänger der konservativen Richtung argumentieren, dass die Verletzung von bewährten Traditionen zu moralischen Krisen führe und lehnen daher die Forderung nach weniger stringenten Geschlechtsrollen ab. Moralkonservative Debatten stützen sich oft auf essentialistische Argumentationen, wobei sich zumeist ein Rückgriff auf die pseudowissenschaftliche Richtung der Sozialbiologie zeigt. Demnach seien soziale Institutionen und Praktiken durch die genetische Prädisposition von Männern und Frauen beeinflusst. Die (auch politisch motivierte) Gegenbewegung zum Feminismus führte zu der Formation einer Gruppe, die sich als Kämpfer für die "Men's Rights" verstehen. Erklärtes Ziel ist die Auflehnung gegen die Ergebnisse der Frauenforschung sowie die Dekonstruktion ihrer zentralen Erkenntnisse. Die strategische Vorgehensweise dieser Forscher zeigt, dass der Blick auf das Geschlechterverhältnis vernachlässigt wird und ausschließlich die Lebenssituation des Mannes ins Zentrum der Analyse gerückt wird. Überwiegend werden jene Segmente der Männlichkeit thematisiert, unter denen Männer leiden. Einige Forscher engagieren sich in einer neuen Form des Sexismus, in dem sie behaupten, dass die aktuelle Gesellschaft zu einer Bastion des weiblichen Privilegs und zu einem Ort der männlichen Degradierung geworden sei (vgl. Gould 1981, Kipnis 1991, Kimbrell 1995).

3. Mythopoetische Richtung. In den späten 80ern und frühen 90ern kam eine neue Bewegung auf, die sich auf das Werk des amerikanischen Männerforschers Robert Bly stützte. Bly veranstaltete Workshops und Seminare, in denen Männer sich durch Trommelrituale und das gegenseitige Vorlesen von Lyrik öffnen sollten, um von ihren emotionalen und psychischen Verletzungen sprechen zu können. Die Autoren der mythopoetischen Richtung glauben, dass eine Rückbesinnung auf die mythische Vergangenheit der Schlüssel für zeitgenössische Männlichkeitsmodelle ist. Dabei stellt die Psychologie C. G. Jungs die Argumentationsgrundlage dar, nach der sich Männlichkeit auf Archetypen des Unterbewussten gründet. Sie mündet in der Forderung, dass Männer ihr kulturelles Erbe zurückerlangen müssen, das durch die moderne Gesellschaft zerstört wurde. Die Grunderkenntnis ist, dass Mythen in einer Periode der "männlichen Krise" ein Werkzeug der subjektiven und kulturellen Transformation sein können. Als Grund dieser Krise benennen die Forscher die Frauenbewegung, die die Männer nicht nur feminisiere und dadurch verunsichere, sondern auch eine "antagonistische Wirkung" auf die männliche Spiritualität habe (vgl. Bly 1990, Rabinowitz/Cochran 1994).

4. Homosexuelle Richtung. Initiiert durch die Stonewall Rebellion in Greenwich Village 1969 formierten sich bereits in den 70er Jahren mehrere Gruppen der Schwulenbewegung, die sich für die Befreiung und rechtliche Gleichstellung von Homosexuellen einsetzten. Besonders wichtig war in diesem Zusammenhang die Erkenntnis, dass Schwule zu den unterprivilegierten Gruppen innerhalb der Gesellschaft gehören und dass gegen diese Form der Unterdrückung gekämpft werden muss. Schwule Forscher betonen, dass ihre Art der Sexualität eine Herausforderung der traditionellen Formen dominanter Männlichkeit darstelle, insbesondere in Bezug auf das Modell der Kernfamilie. Somit stünde die schwule Lebensform für ein alternatives Männlichkeitsmuster, das nicht auf der gesellschaftlichen Unterdrückung von Frauen basiere. Weiterhin gehen sie davon aus, dass Homophobie als ein Schlüsselkonzept der männlichen Identität betrachtet werden muss, durch das sämtliche Prozesse männlicher Selbstfindung strukturiert werden (vgl. Kinsman 1987, Mohr 1992).

5. Afroamerikanische Richtung. In den 80er und 90er Jahren wurde zunehmend das Zusammenspiel von Männlichkeit mit der Komponente Ethnizität untersucht. Die Forscher der afroamerikanischen Richtung weisen darauf hin, dass die Emphase der dominanten Männlichkeit, die sich auf ein weißes, heterosexuelles Konstrukt stützt, andere Männlichkeiten außerhalb dieser Grenzen ausschließe und somit marginalisiere. Die gesellschaftlich institutionalisierte Form männlich motivierter Unterdrückung richte sich nicht nur gegen Frauen und Homosexuelle, sondern auch in besonderem Maße gegen Schwarze. 1990 wurde das "National Council of African American Men" (NCAAM) gegründet, das zwei Zeitschriften herausgibt: das *New Journal of African American Male Studies* und das *Annual State of Black Male America*. Die Autoren der afroamerikanischen Richtung sind sich einig, dass die schwarze Männlichkeit in besonderem Maße problematisch sei, weil sie durch historische und gesellschaftliche Formen des Rassismus geprägt sei. Die Beschreibungen der Lebenswirklichkeit von Schwarzen und der Effekte dieses Rassismus variieren deutlich. Unbestritten ist jedoch die Erkenntnis, dass ein Rassismus, der sich gegen Minoritäten richtet, ein strukturelles Merkmal hegemonialer Männlichkeit darstellt (vgl. Hutchinson 1994, Gordon 1994).

6. Sozialistische Richtung. Diese Richtung, die seit den Anfängen der Männerbewegung existiert, stützt sich hauptsächlich auf marxistisch orientierte Theoriekonzepte. Sie geht davon aus, dass Männlichkeit primär durch die kapitalistische Gesellschaft produziert und geformt wird. Diese Gesellschaftsform ist klassenstrukturiert und konstituiert sich durch Produktionsrelationen, die bestimmte Machtstrukturen (z. B. durch die Art der Arbeitsteilung) herausbilden. Der sozialistischen Perspektive zufolge liegt die männliche Geschlechtsidentität in ökonomisch determinierten Klassenstrukturen begründet, denn im patriarchalen Kapitalismus wird Männlichkeit dadurch bestimmt, wer welche Arbeit leistet, wer welche Arbeit kontrolliert und wer die Produkte dieser Arbeit kontrolliert. Problematisch sei das System insofern, als dass es Männer durch verschiedene Formen der Entfremdung, die es mobilisiert, benachteilige und unterdrücke. In einem weiteren Schritt wird erklärt, dass eine signifikante Änderung der männlichen Geschlechtsrolle erst dann möglich sei, wenn sich auch die Klassenstrukturen (und damit die Machtrelationen) einer Gesellschaft änderten (vgl. Tolson 1977, Terkel 1984).

7. Christlich-orientierte Richtung. 1990 gründete Bill McCartney die Organisation "Promise Keepers", die aus der christlich orientierten Männerbewegung erwuchs und religiös-konservative Ziele verfolgt. Diese Vereinigung organisiert Konferenzen und Kongresse und gibt das Magazin *New Man* heraus. Ihr Name ist durch die zentrale Idee motiviert, dass Männer Frauen gegenüber ihre Versprechen nicht einhalten; dass sie z. B. keine guten Ernährer und Beschützer (und somit keine guten Väter) seien. Die Autoren der christlich-orientierten Richtung beklagen eine moralische Krise der Gesellschaft, die zum Teil durch verantwortungslose Männer, zum Teil aber auch durch überambitionierte Frauen entstanden sei. Viele Autoren vertreten antifeministische Positionen und fordern eine spirituelle Erneuerung der Männlichkeit sowie die Rekonstitution des traditionellen Patriarchats (vgl. McCartney 1992, Hicks 1993).

II.2 Ansätze innerhalb der Filmwissenschaft

Innerhalb der Filmwissenschaft wurde die mediale Vermittlung der Männlichkeit sowie deren Implikationen für die Organisation von Blickverhältnissen und Machtstrukturen zu Beginn der 80er Jahre zum Gegenstand wissenschaftlicher Reflexion. Im Folgenden sollen diejenigen Ansätze der Männlichkeitskritik vorgestellt werden, die, ausgehend von den Fragestellungen der feministischen Filmtheorie, die Konzeption und Interaktion von Kino und Geschlecht untersuchen[3].
Für die filmtheoretische Positionierung der heterosexuellen Männlichkeit war Laura Mulveys Aufsatz "Visual Pleasure And Narrative Cinema" (1975) ein Schlüsseltext. Mulvey klassifiziert darin heterosexuelles Begehren als selbstverständliches Fundament patriarchaler Lebensverhältnisse und entwickelt so eine Theorie der patriarchalen Festschreibung von Blick, Bild und Erzählung im Film. Männlichkeit wird insofern als normatives Prinzip verstanden, als dass Männer nach Mulvey im Besitz des allwissenden Blicks sind, sie als handlungsmächtige Träger der Erzählung angesehen werden, und als der Maßstab kinospezifischer Identifikation gelten. Frauen hingegen haben als erotische Schauobjekte nur eine passive Funktion. Mulveys Dichotomisierung von männlich-aktivem Schauen und weiblich-passivem Angeschautwerden wurde zum Paradigma filmtheoretischer Reflexion.
Eine Alternative zu dieser sexualpolitischen Konzeption etablierten in den späten 70er und frühen 80er Jahren homosexuelle Wissenschaftler, die mit ihren Untersuchungen zur Repräsentation und Rezeption von Schwulen in der Filmgeschichte eine Neubewertung der Analyse von begehrensspezifischen Blickstrukturen leisteten (vgl. Waugh 1977, Dyer 1977, Russo 1981). 1982 formulierte David Norman Rodowick

[3] Der folgende Überblick geht nicht auf jede einzelne Publikation ein, sondern trifft eine Auswahl der wichtigsten filmtheoretischen Forschungsansätze. Die Literaturangaben sind daher als exemplarische Hinweise zu verstehen.

eine kritische Antwort auf Mulveys restriktives Modell, die in der Kernthese mündete, dass der Status der männlichen Geschlechtsidentität nicht fixiert, sondern fließend sei (vgl. Rodowick 1982). Der breiter rezipierte Ansatz von Steve Neale (1983) hingegen bestätigt die von Mulvey propagierte ideologische Geschlossenheit des Erzählkinos. Neale geht davon aus, dass nicht nur die Unterdrückung von Frauen, sondern auch die Unterdrückung des homosexuellen Verlangens als konstitutive Komponente des Patriarchats sowie des klassischen Erzählfilms angesehen werden muss. Der Adressat des klassischen Kinos sei somit nicht nur männlich, sondern auch heterosexuell. Als Beispiele dienen traditionell männlich konnotierte Genres wie Western, Krimis und Agentenfilme. Neale bestätigt Mulveys These, indem er der Fetischisierung der Frau als Sexualobjekt grundsätzlich zustimmt und den explizit erotischen Blick auf den männlichen Körper ausschließt (vgl. Neale 1993). 1984 entwickelte I. Green eine Gegenthese zu Neale. Er kritisiert die seiner Meinung nach zu enge Beschränkung auf bestimmte Genres und führt am Beispiel des Melodrams aus, dass der Filmzuschauer nicht immer in die maskuline Subjektposition gedrängt werden muss. Somit lässt Green die Möglichkeit der multiplen Adressierung sowie der variablen Subjektposition des Filmzuschauers zu (vgl. Green 1984). 1988 beteiligte sich die Filmzeitschrift *Camera Obscura* mit dem Themenheft "Male Trouble" (*Camera Obscura* 17 (1988)) an der Diskussion um kinospezifische Männlichkeitskonstrukte. In verschiedenen Aufsätzen namhafter feministischer Filmtheoretikerinnen wurde betont, dass die dominanten heterosexuellen Männlichkeitsdarstellungen von alternativen 'unmännlichen' Repräsentationen überlagert werden können, und dass Männlichkeit als symbolische Kategorie betrachtet werden muss, die sich aus der Komposition verschiedener kulturell produzierter Diskurspositionen ergibt. Eine Weiterentwicklung von Greens Ansatz lieferte 1990 Robert Hanke, der den symbolischen Charakter von Subjektivitäten und die Multivalenz von sozialen Identitäten fokussiert. Hanke beschreibt, wie einige Zuschauer soziale Definitionen von Männlichkeit aktivieren, andere ihnen widerstehen und wieder andere sie ignorieren. Durch die Analyse dieses unterschiedlichen Zuschauerverhaltens kommt er zu dem Schluss, dass der Rezeptionsprozess nicht auf einen singulären Akt beschränkt werden darf, sondern unterschiedliche Mechanismen wie textuelle Adressierung, Dekodierungsstrategien und intersubjektive Vermittlung involviert (vgl. Hanke 1990). Anschließend an Mary Ann Doanes Konzeptionalisierung von Film, Weiblichkeit und Maskerade geht Chris Holmlund 1993 dazu über, die filmspezifische Konstruktion von Männlichkeit als eine Serie multipler Maskeraden zu beschreiben. Dabei begreift sie diese Inszenierungen nicht als Verkörperung einer dahinter liegenden Wahrheit oder Essenz, sondern als künstliche, substanzlose Erscheinungen (vgl. Holmlund 1993).

Die bislang umfassendste Untersuchung legte Kaja Silvermann 1992 mit ihrem Werk *Male Subjectivity at the Margins* vor. Unter Verwendung der Ideologiekonzeption von Althusser und des Subjektbegriffs bei Lacan entwirft sie eine Theorie der sozialen Funktion der dominanten Männlichkeitsfiktion. Nach Silverman sind Masochismus und Kastrationsängste für die normative Männlichkeit konstitutiv. Im Anschluss an diese These untersucht sie sogenannte marginale Männlichkeiten in Film und Literatur, also z. B. den kranken, schwachen, verwundeten Mann, um zu zeigen, dass die männliche Identität durch den Einfluss von persönlichen und historischen Traumata gekennzeichnet ist. Die Markierung des männlichen Subjekts durch Passivität und Mangel schlägt sich nach Silverman auch in Brüchen der blickdramaturgischen Subjektpositionierung nieder und verdeutlicht so, dass Männlichkeit keine endgültige Entität bezeichnet, sondern vielmehr ein äußerst instabiles Konstrukt darstellt (vgl. Silverman 1992). Im Anschluss an Silverman untersucht Siegfried Kaltenecker 1996 vorwiegend am Beispiel von Crossdressing-Filmen die komplexen Verflechtungen von Identität, Identifikation, Ideologie und Repräsentation (vgl. Kaltenecker 1996). Erklärtes Ziel ist es, durch die gezielte Analyse dominanter Männlichkeitsrepräsentationen diejenigen Organisations-prinzipien offenzulegen, die den hegemonialen Männlichkeitsdiskurs der bestehenden Ordnung etablieren und stabilisieren.

III. Methodologischer Ansatz

Die Entwicklung eines eigenen methodologischen Ansatzes setzt die kritische Betrachtung und Analyse der Ergebnisse der *Men's Studies* voraus. Im Folgenden soll überprüft werden, welche Ansätze für die nachfolgende Untersuchung nützlich sein können, wo Schwachstellen zu erkennen sind und welche Ansätze einer Erweiterung bedürfen.

Trotz der Divergenz der methodischen Richtungen und ideologischen Perspektiven innerhalb der Männerforschung lassen sich einige signifikante Gemeinsamkeiten erkennen. Kenneth Clatterbaugh fasst zusammen:

> Each [component] begins with a feminist viewpoint, whether or not it is ultimately opposed or indorsed. [...] Each movement claims that its agenda is in the best interest of men and women. [...] At the same time, each movement tries to be supportive of men and to find ways to address issues of concern to men (Clatterbaugh 1997: 14).

Clatterbaugh bemerkt richtig, dass als Initialzündung der Männerforschung die Frauenforschung fungierte, deren Fragestellungen und Konzeptionen aufgegriffen wurden – als inspirierende Anregungen oder als Anlass zu polemischer Kritik. Einigkeit scheint indes darüber zu herrschen, dass sich der Mann am Ende des 20. Jahrhunderts in der Krise befinde – allein die Titel der meisten Publikationen bestätigen diesen Befund[4]. Sie sind symptomatisch für die tiefgreifende Verunsicherung traditioneller Männlichkeitskonzepte, die sich seit den 80er Jahren in verschiedenen sozialen und kulturellen Bereichen abzeichnet.

Viele Männerforscher, insbesondere die der profeministischen Richtung, haben zentrale Erkenntnisse der Frauenforschung wie z. B. die Einsicht in die Konstruiertheit des Geschlechts übernommen und bestätigt: Nicht nur die weibliche, auch die männliche Geschlechtsidentität wird inzwischen als Kategorie begriffen, die sich aus der Komposition vielfältiger kultureller Diskurse ergibt. Der neue Ansatz besteht darin, nicht nur marginalisierte Gruppen zu untersuchen, sondern Männlichkeit als Ergebnis

---

[4] Vgl. z. B. Kimmel 1987, Horrocks 1994, sowie die Ausgabe "Man Trouble" der Zeitschrift *Artforum* (April 1994) bzw. das Themenheft "Male Trouble" der Zeitschrift *Camera Obscura*, (17(1988)).

einer kulturellen Normierung zu dekonstruieren. Das männliche Geschlecht darf demnach nicht länger als universelles Prinzip oder monolithisches Konzept verstanden werden; vielmehr soll die Instabilität und der konstrukthafte Charakter männlicher Subjektivität offengelegt werden[5].

Die Gefahren eines solchen Ansatzes sind mithin nicht zu übersehen: Die Konzentration auf das männliche Geschlecht, die, wie Clatterbaugh erwähnt, allen Richtungen zu eigen ist, neigt dazu, eine naturgegebene Andersartigkeit zu suggerieren und alte substantialistische Modelle erneut heraufzubeschwören. Die Männerforschung sieht sich mit dem Risiko der Isolation und Selbstmarginalisierung konfrontiert, das ein solcher Ausschließungsmechanismus in sich birgt. Einige Forscher versuchen, angesichts der Verschiedenartigkeit männlicher Erfahrungen nicht mehr von *der* Männlichkeit auszugehen, sondern nur noch von Männlichkeit*en* zu sprechen. Verbunden mit diesem Konzept ist die Erkenntnis, dass es mehrere miteinander konkurrierende Männlichkeiten gibt, die in einem hierarchischen Verhältnis zueinander stehen.

Die bloße Pluralisierung des Begriffs stellt jedoch keine befriedigende Lösung des Problems dar, weil sie in einem Universalismus befangen bleibt, der die männliche Subjektivität als exklusiven Untersuchungsgegenstand voraussetzt. Zudem scheint die bloße Aufzählung und Beschreibung unterschiedlicher Männlichkeitsbilder und –identitäten insofern ein hoffnungsloses Unterfangen zu sein, als dass sie niemals umfassend und erschöpfend sein kann, da Identität nicht als abgeschlossene Entität oder monolithische Kategorie existiert. Alan Petersen betont:

> The problem with this so-called additive model of identity is that no matter how exhaustive the description, there will always be exclusions, and disjunctions between imposed identity labels and personal experiences. There is literally an infinite number of ways in which the 'components of identity' can intersect or combine to 'make up' masculine identity (Petersen 1998: 14).

Ein weiteres Problem besteht darin, dass bei dieser Vorgehensweise das Verhältnis der Geschlechter zueinander unberücksichtigt bleibt und dass Männlichkeit als iso-

---

[5] Neuere Tendenzen untersuchen auch andere kulturelle Normen sowie deren brüchige Inszenierungen. So beginnt sich allmählich ein neues Forschungsparadigma zu entwickeln, das die vermeintliche Kohärenz von "Whiteness" hinterfragt. Vgl. Dyer 1997, Frankenberg 1997, Hill 1997, Babb 1998, Cuomo 1999, Nakayama/Martin 1999.

liertes Phänomen betrachtet wird. Ein Ansatz, der die Bedeutung der Interrelation von männlichem und weiblichem Rollenverhalten ausblendet, ist wenig vielversprechend. Sean Nixon konstatiert:

> Particular versions of masculinity are not only constituted in their difference from other versions of masculinity but are also defined in relation to femininity. This suggests, then, that an adequate understanding of masculinity requires our locating it within the wider field of gender relations as a whole" (Nixon 1997: 298).

Geschlechterrollen lassen sich nur in Relation zueinander begreifen. Das Verständnis der männlichen Geschlechtsrolle ist z. B. entscheidend davon geprägt, ob sich die Frau gemäß der Rolle verhält, die die gesellschaftliche Zuschreibung für sie vorsieht. Dort, wo das normative Geschlechterverhältnis überschritten wird, wo die Rollen neu verteilt werden, beginnen oft die Schwierigkeiten männlicher Identitätsfindung.
Ebenso problematisch sind essentialistische Konzepte, die das Geschlecht als die einzig determinierende gesellschaftliche Kategorie voraussetzen[6]. Lynne Segal weist auf die Bedeutung weiterer sozialer Formationen in Zusammenhang mit der Konstruktion des Subjekts hin: "We are not simply dealing with a multiplicity of masculine styles, for these are always cut across by, and enmeshed within, other, differing relations of power – class, age, skill, ethnicity, sexual orientation, and so on" (Segal 1990: xi). Es wird deutlich, dass eine Erweiterung des reduktiven Genderkonzepts, das viele Forscher zugrunde legen, notwendig ist[7]. An der Konstruktion der männlichen Identität sind viele verschiedene soziale und kulturelle Variablen beteiligt: Nicht nur das Geschlecht, auch andere Kategorien wie Klasse und Ethnizität spielen eine wichtige Rolle. Zudem ist die Bedeutung des historischen Kontexts, der Fragen der politischen Rahmenbedingungen und soziokulturellen Voraussetzungen einschließt, oft unterschätzt worden. Alan Petersen fasst diese Defizite der Männerforschung zusammen und stellt fest: "Researchers have failed to deconstruct the category 'men', and to

[6] Dies trifft besonders auf die konservative und auf die mythopoetische Richtung zu.
[7] Zwar lassen sich schon einzelne Ansätze erkennen, die weniger reduktive Modelle vorstellen, wie z. B. innerhalb der homosexuellen, marxistischen oder afroamerikanischen Richtung. Jedoch behandeln diese Richtungen die jeweils bevorzugte Analysekategorie in Isolation zu anderen kulturellen Komponenten und bieten daher eher horizontal beschränkte als interdisziplinäre Methoden an.

examine how different constructions of 'men' have emerged historically and become inflected with racialised, sexualised, and classist meanings" (Petersen 1998: 6).

Die Männerforschung darf nicht der Gefahr erliegen, die männliche Geschlechtsidentität als essentielles Konzept zu untersuchen. Das Zusammenspiel von Männlichkeit mit anderen kulturellen Kategorien wie Klasse, Ethnizität, religiöser, politischer und sexueller Ausrichtung sollte nicht länger ausgeblendet werden. Vielmehr muss die männliche Geschlechtsidentität als variables Bündel kultureller Normen begriffen werden, das jeweils historisch verschieden verkörpert wird.

Diese Voraussetzungen sind auch für filmwissenschaftliche Fragestellungen von Bedeutung. Die neueren Entwicklungen der filmwissenschaftlichen Männerforschung greifen Mulveys Thesen an und kritisieren den Heterozentrismus ihres Ansatzes, der ihrer Meinung nach eine repressive Hypothese darstellt. Zudem vernachlässigt Mulvey durch die Konzentration auf die Psychoanalyse andere wichtige Komponenten, die für den Prozess der Identitätskonstitution von entscheidender Bedeutung sind. Sean Nixon stellt fest: "Historical and social factors which determine identity are – in the end – reduced to the calculus of psychosexual structures. [...] In other words, psychoanalysis privileges the acquisition of gender and sexual identity as the bedrock of identity. Other determinants upon identity (such as class) are effectively sidelined" (Nixon 1997: 321). Die Erweiterung eines geschlechtsorientierten Ansatzes um weitere zentrale kulturelle Parameter, die als Analysekategorien von Vorteil sind (z. B. Ethnizität und Klasse), ist also auch in diesem Zusammenhang wichtig.

Die psychoanalytische Filmtheorie geht vielen Autoren nicht weit genug, da sie die Chance des Zuschauers zur Intervention negiert, es also keine Möglichkeit des Rezipienten gibt, der dominanten kinematographischen Adressierung zu widerstehen. Viele Forscher lehnen daher Mulveys Modell der filmspezifischen Identifikation ab und gehen stattdessen von einem polymorphen Verlangen des Zuschauers aus.

John Fiske (1987) definiert den textuellen Code als ein System von Zeichen, das von Regeln bestimmt wird, die von den Mitgliedern der benutzenden Kultur festgelegt werden. Nach dieser Theorie der textuellen Decodierung haben die Rezipienten also mehrere Möglichkeiten, einen Text zu lesen: Sie können dominante, konventionelle oder oppositionelle Codes anwenden und produzieren dadurch eine Multiplizität möglicher Bedeutungen. Film ist demnach kein Komplize der hegemonialen Ge-

schlechterdifferenz, sondern ein Medium, in dem Fantasien den fixen Status der Geschlechtsidentität auflösen (vgl. Hearn/Melechi 1992).
Von entscheidender Bedeutung ist in diesem Zusammenhang die vom poststrukturalistischen Feminismus formulierte Erkenntnis, dass Identität als kompositorischer Begriff verstanden werden muss, der verdeutlicht, dass viele verschiedene Subjektivitäten an der Konstruktion des Selbst beteiligt sind: Identität ist kein festes Produkt, sondern ein fließender Prozess. Eine wichtige Rolle spielt dabei die filmspezifische Inszenierung des Körpers. Besonders Judith Butler (1991, 1995) hat vermehrt auf die kulturelle Konstruktion des Körpers hingewiesen, den sie einer jeglichen natürlich-ontologischen Verankerung enthebt:

> Das 'Körpergeschlecht' ist, mit anderen Worten, ein ideales Konstrukt, das sich über die Zeit hin unter Zwang materialisiert. Es ist kein simples Faktum und kein statischer Zustand eines Körpers, sondern ein Prozess, bei dem reglementierende Normen das 'Körpergeschlecht' materialisieren und diese Verstofflichung durch ein unter Zwang ablaufendes stetiges Wiederholen jener Normen erzielen (Butler 1995: 57).

Materie und Bedeutung sind nach Butler keine Größen mehr, die unabhängig voneinander bestimmt werden können; vielmehr werden sie im wechselseitigen Verweis aufeinander jeweils zerstört und neu zusammengesetzt. Auch wenn die Radikalität dieser These nicht überall Zuspruch gefunden hat[8], so haben doch in letzter Zeit einige Forscher auf die Vernachlässigung der Kategorie Körper und ihrer angemessenen Historisierung bei der kritischen Analyse der Geschlechtsidentität hingewiesen. Donna Haraway betont:

> Die Dekonstruktion der sexuellen Differenz kann sich [...] nicht ausschließlich auf die Kritik von Gender beziehen. Sie muß die je spezifische Konstruktion von Sex einerseits wie Gender andererseits und die je spezifische Konstruktion der Beziehung zwischen beiden miteinbeziehen, wenn die fundamentale Konstruktion der sexuellen Differenz angemessen verstanden werden soll (Haraway 1995: 14).

Weiterhin betont Haraway die generativen Möglichkeiten des Körpers und stellt fest: "Sie [die Körper] produzieren nicht nur neue Körper, sondern auch Bedeutungen.

[8] Vgl. dazu z. B. Landweer 1993 und Lindemann 1993.

Körper sind Konstrukte, die im Rahmen historisch und kulturell spezifischer Prozesse materiell und symbolisch hergestellt werden" (Haraway 1995: 21). Genau wie die kulturelle Geschlechtlichkeit ist auch das körperliche Geschlecht veränderlich und kann verschiedenen soziokulturellen Deformationen unterliegen.

Es wird deutlich: die Re-vision der männlich-sexuellen Determinanten des Kinos anhand eines neuen Geschlechter-Repräsentationsbegriffs ist unumgänglich. Die medial vermittelte Männlichkeit erfüllt nicht stets ein eindeutiges und homogenes patriarchales Ideal, wie Mulvey behauptet. Vielmehr muss männliche Subjektivität als fluktuierende Kategorie verstanden werden, die sich aus der Kombination vielfältiger Diskurse ergibt.

Die Forscher der *Men's Studies* haben immer wieder auf eine aktuelle "Krise" der Männlichkeit hingewiesen. Im Folgenden soll untersucht werden, ob und wie eine filmspezifische Manifestation dieser Krise in Bezug auf die Repräsentation der Männlichkeit im Hollywoodkino beobachtet werden kann. Auch wenn dem Kino nicht der Status eines Spiegels von gesellschaftlichen Entwicklungen zukommt, so kann es doch als aktiver Teilhaber von sozialen Debatten über Formen der Repräsentation fungieren, wie Elizabeth G. Traube feststellt:

> Mass-cultural representations, the product of the culture industries, neither directly reflect nor totally control the ways that people represent and experience their daily life. Rather, we need to see the culture industries as active participants in ongoing social struggles over representation (Traube 1992: 125).

Sicherlich ist das Hollywoodkino an der Kreation kultureller Mythen beteiligt. Es darf jedoch nicht einseitig als Indikator für gesellschaftliche Entwicklungen verstanden werden, da bestimmte innerfilmische Prozesse wie z. B. Genrekonventionen eine zentrale Rolle in Zusammenhang mit Repräsentationsmodellen spielen. Das Risiko eines *real-life-approach*, der keinen Unterschied zwischen Film und Lebenswelt macht, soll im Folgenden vermieden werden. Das Hollywoodkino darf nur mit Einschränkungen als Barometer des sozialen und kulturellen Wandels begriffen werden, da Filme immer auch über eine inhärente Eigendynamik verfügen. Seine Beteiligung an der Konstruktion dominanter Formen der Repräsentation soll jedoch nicht unberücksichtigt bleiben.

IV. Vaterschaft: soziale, ideologische und kulturelle Konstruktionen

Die Frage der Vaterschaft und deren kulturellen Implikationen ist ein prominentes Thema innerhalb der *Men's Studies*. Die Vielfalt der unterschiedlichen Richtungen der Männerforschung zeigt sich auch in der ideologischen und politischen Bewertung des Vaters: Während die konservativen Gruppen leidenschaftlich für die Rechte der benachteiligten, vom Rechtssystem unterdrückten Väter kämpfen (je nach Ausrichtung auch programmmäßig gegen die Mütter vorgehen), die christliche Richtung ein reaktionäres Vaterbild propagiert, das sich an traditionell-religiösen Werten orientiert, die Anhänger der mythopoetischen Ausrichtung scharenweise in Wälder ausschwärmen und dort die Therapie suchen, die die "Vaterwunde" heilen könnte, betonen die Profeministen und die homosexuelle Richtung die kulturelle Konstruktion des Vaterbildes und fordern eine kritische Neubewertung. Insgesamt lässt sich feststellen: Das Thema Vaterschaft ist innerhalb der letzten beiden Jahrzehnte zu einem brisanten, aktuellen Thema geworden, das aus diversen Perspektiven und mit unterschiedlichen Zielsetzungen diskutiert wird[9]. In einem Punkt jedoch scheint Übereinstimmung zu herrschen: Die meisten Autoren bringen die schon beschriebene "Krise" der Männlichkeit in Zusammenhang mit dem Versagen des Vaters (vgl. Coontz 1992, Blankenhorn 1995, Bly 1996, Kimmel 1996, Burgess 1998)[10].

---

[9] Die Anzahl der Publikationen zu diesem Thema ist kaum noch zu überblicken. Eine umfangreiche (26 Seiten umfassende!) Literaturliste findet sich bei Marsiglio 1995. Im Internet sind aktuelle Informationen zu vielen Gebieten der Väterbewegung unter http://www.paPPa.com abrufbar.
Auch in Deutschland haben sich viele Organisationen formiert, die sich mit Fragen der Vaterschaft auseinandersetzen. Im Anhang zu Matussek 1998 finden sich 10 Anschriften von deutschen Vereinen, die sich für die Rechte von Vätern einsetzen. Ein weiteres Indiz für die politische Aktualität des Themas ist die im Frühjahr 2000 gestartete Väterkampagne des Ministeriums für Frauen, Jugend, Familie und Gesundheit des Landes Nordrhein-Westfalen, die auf Postkarten, Anzeigen, Plakaten und Kinospots mit dem Motto "Verpass' nicht die Rolle Deines Lebens!" für ein neues Rollenverständnis bei Männern wirbt.

[10] Einige Forscher, besonders die der konservativen Richtung, gehen dabei so weit, Vaterschaft als *die* determinierende gesellschaftliche Kategorie zu bewerten: "The primary fault line [...] will not be race, religion, class, education, or gender. It will be patrimony" (Blankenhorn 1995: 2). So einfach und eindimensional wie der Ansatz fällt dann auch der Lösungsvorschlag für Wege aus der Krise der Männlichkeit aus: "Only an authoritative cultural story of fatherhood can fuse biological and social paternity into a coherent male identity" (Blankenhorn 1995: 3).

Für die Untersuchung des Konzepts Vaterschaft sind zwei Komponenten von besonderer Bedeutung: die ideologischen Konstruktionen der Vaterschaft und die Implikationen der Vaterrolle für die männliche Geschlechtsidentität. Auf die Bedeutung der Vaterschaft in Bezug auf das männliche Rollenverständnis hat in den letzten Jahren die Sozialpsychologie in verstärktem Maß hingewiesen. Insbesondere die Soziologie entwickelte neue Impulse für differenzierte Untersuchungsmethoden. Dazu gehört die Anerkennung von Identität als einem dynamischen Modell, in dem mehrere Entwürfe von Männlichkeit kombiniert werden können. Auch die Verflechtungen der Vaterrolle mit anderen soziokulturellen Faktoren wie Ethnizität, ökonomische Bedingungen, religiöse und politische Ausrichtungen werden inzwischen zunehmend erforscht. Zudem haben neuere Richtungen der Soziologie darauf hingewiesen, dass nicht nur die normative gesellschaftliche Vorstellung des idealen Vaters Ausgangspunkt von Untersuchungen sein dürfe, sondern dass auch Abweichungen dieses Stereotyps wie z. B. alleinstehende oder verwitwete Väter sowie Ersatz- oder Adoptivväter zu Zielobjekten aktueller soziologischer Forschung werden müssten (vgl. Marsiglio 1995). Neuere Ansätze zeigen eine deutliche Abkehr von alten essentialistischen Konzeptionen der Vaterschaft, die sich an der biologischen Erzeugung als Grunddefinition orientieren. Deutlicher betont wird inzwischen der performative Charakter der Vaterschaft: Sie müsse als soziale Rolle verstanden werden, die grundsätzlich allen Männern offen stehe (vgl. Daly 1995).

Für die Untersuchung der medialen Vermittlung von Männlichkeitskonzepten sind jedoch die Fragen der kulturellen Konstruktion der Vaterschaft noch bedeutsamer als die Ergebnisse der sozialwissenschaftlichen Empirie. Nicht nur die soziale Erwartungshaltung an die Rolle der Vaterschaft, auch ideologische und kulturelle Konstruktionen von Väterlichkeit spielen eine wichtige Rolle. Die Erkenntnis, dass solche Konstruktionen immer dem historischen Wandel unterworfen sind, führt zu dem Schluss, dass multiple Modelle der Vaterschaft existieren, die keine kulturelle Kohärenz aufweisen. Dieter Lenzen spricht von einem "Funktionsverschiebungsprozess von Rollenelementen [...], der aufgrund einer Unzahl von Faktoren zustande gekommen ist" (Lenzen 1997: 105). Vielfältige Wirkungszusammenhänge führten dazu, dass Vaterschaft in verschiedenen Epochen unterschiedlich bewertet und wahrgenommen wurde.

Mehrere Autoren haben jedoch darauf hingewiesen, dass das normative Vaterbild der Vergangenheit im Vergleich zu heute eine deutlichere Geschlossenheit aufweist. Während beispielsweise der Vater im 18. Jahrhundert in philosophischen und theologischen Traktaten sowie moralpädagogischen Handbüchern eine entscheidende Aufwertung erfährt (vgl. Möhrmann 1996: 74-75) und sich durch die Entstehung der bürgerlichen Gesellschaft ein recht homogenes Vaterideal entwickelt, das von der essentialistischen Vorstellung einer "naturgegebenen" väterlichen Autorität geprägt ist (vgl. Engelfried 1997: 69-74), so sind zeitgenössische Entwürfe der Vaterschaft weniger einheitlich angelegt, und so "müßte man eher von einer großen Heterogenität hinsichtlich der Einschätzung väterlicher Funktionen und ihrer erwarteten wie gewünschten Zukunft sprechen" (Lenzen 1991: 239). Ob und inwieweit diese aktuelle Vielfalt väterlicher Modelle im Hollywoodfilm der 90er Jahre ihren Niederschlag findet und auf welche Weise kulturelle Stereotype der Vaterschaft durch das Medium des Hollywoodkinos vermittelt werden, soll im Folgenden untersucht werden.

V. Väter im Hollywoodkino

V.1 Die neuen Väter der 80er Jahre

Mit der Infragestellung scheinbar natürlicher Differenzen zwischen den Geschlechtern ging eine Neubewertung traditioneller Männlichkeitsvorstellungen einher: Männlichkeit sei, so konstatieren die Forscher der *Men's Studies* seit den 80er Jahren übereinstimmend, in die Krise geraten. Die filmische Manifestation dieser Umbruchsituation lässt sich durch die boomartige Ausbreitung eines neuen Filmtyps in den 80er Jahren beobachten, der im Folgenden beschrieben werden soll.
1979 initiierte *Kramer vs. Kramer* eine Entwicklung, die einen ganzen Zyklus von Filmen nach sich zog: die Reformulierung des Vaterbildes[11]. Mit der Darstellung des Vaters als liebevollem Fürsorger betrat ein neuer Vatertypus die Leinwand: "The 1980s became increasingly the decade for fantasies of the Father as nurturer – the Father as desiring to participate in child-rearing, the Father as necessary in child-rearing" (Kaplan 1992: 184). Filme wie *Drop Out Father* (1982), *Mr. Mom* (1983), *Three Men and a Baby* (1987) oder *She's Having a Baby* (1988) präsentierten Männer, deren neuer Lebensmittelpunkt Wiegen und Windeln geworden sind: Das höchste Glück finden sie in der liebevollen Beschäftigung mit Kindern. Dabei muss betont werden, dass die meisten Männer dieser Filme zunächst unfreiwillige Väter sind, denen die Kinderbetreuung durch die Flucht der Mutter zufällt:

> The 1980s began with new images of the nurturing father at first forced into the role by mother's decision to leave the family. Perhaps indicating a cultural reaction to the prior decade when women's liberation had been a main theme, films and TV programs became obsessed with fantasies of the mother abdicating her role as wife and mother to peruse her own ends, leaving to the Father the domestic terrain that he found increasingly rewarding (Kaplan 1992: 184).

[11] Einen empirischen Anhaltspunkt für das gesteigerte Interesse an der Darstellung des Vaters im amerikanischen Film der 80er Jahre sowie für das Ausmaß seiner Verbreitung bieten Rattigan/McManus 1992, die im Anhang über 150 Filme auflisten, die sich mit dem Vaterthema auseinandersetzen.

Das Auftreten des Vaters im Hollywoodkino der 80er Jahre hängt mit dem Verschwinden der Mutter zusammen. Sie wird in den meisten dieser Filme im wahrsten Sinne des Wortes ausgeblendet: Zwar erfüllt sie bestimmte Plotfunktionen und wird mehrfach erwähnt, dem Zuschauerblick bleibt sie, von wenigen Momenten abgesehen, allerdings verborgen. In Zusammenhang mit dem Film *Three Men and a Baby* bemerkt Tania Modleski: "By keeping the mother from the audience's sight until this point [the very end], the film effectively de-realizes her" (Modleski 1988: 69). Auch Michaela Krützen weist auf die filmische Inszenierung der mütterlichen Absenz hin: "Eine bezeichnende Leerstelle: *Kramer gegen Kramer* räumt der Entwicklung der Mutter keine Filmzeit ein. [...] Die Inszenierung Joannas schreibt fort, was die Figur selbst verbal als Form der Unterdrückung aufgedeckt hat: Das Fehlen einer eigenen Identität" (Krützen 1999: 116). Das plötzliche Auftreten der Väter und das gleichzeitige Zurückdrängen der Mütter muss erstaunen, da es in keinem Verhältnis zur Realität steht: Der Hollywoodfilm der 80er Jahre wird bevölkert von zahlreichen liebevollen, engagierten Vätern; in der Wirklichkeit ist jedoch die Zahl der Väter, die Erziehungsurlaub nehmen und sich in zunehmendem Maß der Kindererziehung widmen, verschwindend gering[12]. Wie kann diese Diskrepanz, dieses Auseinanderklaffen von sozialempirischen Fakten und filmischer Inszenierung erklärt werden?
Eine interessante Parallele ergibt sich zum bürgerlichen Trauerspiel. Auch dort, das ist Renate Möhrmanns Befund, lässt sich eine Ungleichzeitigkeit von historischen Fakten und fiktionalen Umsetzungen beobachten. Dass diese beiden Kategorien in einem Erklärungsmodell nicht als deckungsgleiche Größen behandelt werden dürfen, betont Möhrmann deutlich:

> Der historische Index läßt sich nicht unvermittelt aus dem dramatischen Text herauslesen, und die ästhetischen Bilder sind nicht bloß Reproduktionen sozialer Prozesse. Die Sache ist komplizierter. Die Vermittlungskanäle zwischen empirischer und ästhetischer Realität sind keine geradlinig angelegten Zulieferungssysteme, die alles und jeden transportieren (Möhrmann 1996a: 87).

[12] Lynne Segal erwähnt mehrere Statistiken der 80er Jahre, die belegen, das das Bild des neuen Vaters eine Medienfiktion ist, die in der Wirklichkeit keinen Niederschlag findet: Die Prozentzahl der Männer, die sich aktiv am Haushalt und an der Kindererziehung beteiligten, blieb stets im einstelligen Bereich (vgl. Segal 1990: 33-37).

Da das Ineinssetzen von sozialen Fakten und medienspezifischen Inszenierungen zu kurz greift, müssen andere Möglichkeiten der Erklärung herangezogen werden. Renate Möhrmann betont in ihrer Analyse der mütterlichen Absenz im bürgerlichen Trauerspiel den Einfluss von philosophischen, theologischen und moralpädagogischen Familienprogrammen (Möhrmann 1996a: 74-75). Welche ideologischen Entwürfe der Vaterschaft und des Familienlebens sind im Amerika der 80er Jahre von Bedeutung?

In den 80er Jahren macht sich in den USA ein konservativer *backlash*, eine Gegenbewegung zum Feminismus bemerkbar. Douglas Kellner spricht von einem "right turn in U.S. culture after the radical critique and political movements of the 1960s put in question institutions such as the family and patriarchy" (Kellner 1996: 237). In diesem kulturellen Klima entwickelte sich die sogenannte "New Right"- Bewegung[13], deren reaktionäres Programm die Kritik der Karrierefrau sowie das Lob traditioneller Familienwerte umfasst: "The New Right sought to tap nostalgia for the traditional family and resentment of independent women. [...] The ideological legitimation of the New Right derives from its aggressively antifeminist 'pro-family' campaign" (Traube 1992: 129). Diese Tendenz zeigte sich auch in einer rechtsgerichteten Politik, deren Ziel die Restauration der traditionellen Familie und die Stärkung der väterlichen Position war: "Part of the ideological project of the right in the eighties [...] is the restoration of the family to its former status as a strong Ideological State Apparatus and the reinstatement of the father within this patriarchal stronghold" (Kinder 1989: 4). Die ideologische Verteidigung der Familie orientierte sich deutlich an traditionellen Erziehungsmodellen wie z. B. dem der Viktorianischen Ära, das den Geschlechterbinarismus durch die Form der Arbeitsteilung untermauerte und streng differenzierte Elternrollen sowie die Aufwertung der väterlichen Disziplin vorsah.

Diese Entwicklung kann als Erklärung für das zahlreiche Auftreten des Vaters im Hollywoodfilm jedoch nur teilweise herangezogen werden. Zwar erlebt der Vater im 80er Jahre-Film eine Renaissance, jedoch entspricht das filmspezifische Vaterbild nicht dem konservativen Ideal des autoritären Vaters:

> The authoritarian backlash of the 1980s has left its mark on mainstream politics and culture, but it has not restored the image of the strong,

[13] Diese Bewegung spielt in der konservativen Richtung der Männerforschung bis heute eine entscheidende Rolle. Vgl. Kap. II.1.

> disciplinary father to hegemonic status. [...] Looking back over the most popular films of the 1980s, we find no revival of the rugged, authoritative masculinity still conjured up by such names as John Wayne or Gary Cooper (Traube 1992: 137).

Was den neuen Vater der 80er Jahre ausmacht, ist nicht die alte Rolle des autoritären Patriarchen, sondern vielmehr die Eroberung traditionell weiblich konnotierter Sphären: Er entdeckt die häusliche Domäne sowie die Kinderbetreuung als neuen Wirkungsbereich. Die Expansion der Vaterrolle wird am deutlichsten in der häuslichen Präsenz des neuen Vaters. Diese Entwicklung kann nur in Zusammenhang mit dem sich ändernden weiblichen Rollenverständnis begriffen werden. Seit der Frauenbewegung der 60er und 70er Jahre haben Frauen und Mütter mehr und mehr die traditionelle Privatsphäre verlassen und sind in den öffentlichen Raum, bislang die Domäne der Männer, eingetreten. Dieses Vordringen in den Ort männlicher Privilegien bleibt im Film der 80er Jahre nicht unsanktioniert: In Filmen wie *Head Office* (1986), *Fatal Attraction* (1987) oder *Working Girl* (1988) werden egoistische, gefühllose Karrierefrauen präsentiert, deren Erfolgsstreben sie entweder bedrohlich oder sexuell unattraktiv erscheinen lässt. Carol M. Ward erkennt in den Filmen "a tendency to see the successful woman as threatening, incompetent, or ruthless. She uses her sex to barter for power or she is unsexed by her attempts to maneuver in the man's world of business" (Ward 1990: 104).

Die Bedrohung durch die ambitionierte, verantwortungslose Karrierefrau schafft neue Handlungsräume für den Vater. Er wird dort aktiv, wo verblendete Mütter versagen:

> What drives him [the father] to new extremes is the fictional threat of the independent woman, a type who reverses the corporate-suburban success pattern by choosing career over family, workplace achievement over the self-sacrificing nurturance of dependants. Such ambitious, rejecting mothers create the gap that men are asked to fill in 1980s movies (Traube 1992: 145).

Die Familie wird im Hollywoodkino der 80er Jahre zum männlich besetzten Schutzraum, der Vater zum Retter des Kindes vor der verantwortungslosen Mutter. Hier zeigt sich eine weitere Parallele zum bürgerlichen Trauerspiel: Auch dort tritt die lasterhafte Mutter als Negativbeispiel auf, das vor allem eine abschreckende Funktion erfüllen sollte: "Denn wirkungsstrategisch galt: Die bestrafte 'böse' Mutter im Drama

garantierte die 'gute' Mutter im Leben" (Möhrmann 1996a: 77). Sicherlich spielt das Abschreckungsmoment im Zusammenhang mit der medialen Vermittlung des Vaterbildes eine zentrale Rolle, jedoch nicht die einzige.
In einem weiteren Punkt besteht Ähnlichkeit zwischen dem bürgerlichen Trauerspiel und dem Hollywoodfilm der 80er Jahre: In beiden Genres tritt in zunehmendem Maß die *femme fatale* auf, die im Zusammenhang steht "mit der zunehmenden männlichen Angst vor der unkontrollierten bzw. als unkontrollierbar gedachten weiblichen Sexualität" (Möhrmann 1996a: 78). Die empfundene Bedrohung der normativen Männlichkeit, ein Schlüsselmoment innerhalb der Krise der Männlichkeit, tritt hier deutlich zu Tage. Das Auftreten der *femme fatale* ist zwar keine neue Entwicklung innerhalb der Filmgeschichte; in den 80er Jahren kommt jedoch eine entscheidende Komponente hinzu. Hier fungiert die *femme fatale* nicht nur als Bedrohung des Mannes, sondern auch und in besonderem Maße als Bedrohung des Kindes. Die ambitionierte Karrierefrau wird als Verursacherin von Chaos und Lieblosigkeit präsentiert, die es zu kontrollieren gilt. Diese Tendenz erfährt in den 80er Jahren neue Stimulanz durch die Konzentration der Männerforschung auf psychoanalytisch orientierte Theorien[14].
In Zusammenhang mit der Frage nach dem Vater wird immer wieder auf das psychoanalytische Modell der ödipalen Sozialisation verwiesen: "In what the oedipal model constructs as the ideal, girls sustain the maternal identification, whereas boys repudiate it and make a decisive shift to identification with the father" (Traube 1992: 134). Dieses Erklärungsmuster wird durch ein System der binären Opposition strukturiert: Es drängt die Mutter in eine Position, die für die Entwicklung des Kindes bedrohlich ist und macht den Vater zum Retter des Kindes, denn erst durch seine Intervention kann sich der heranwachsende Junge von der mütterlichen Macht lösen: "If to become a subject is to separate from the mother, a child's ally in that great endeavor is the oedipal father. In the oedipal model the father is the progressive counterforce to maternal power, the embodiment of development and growth" (Traube 1992: 136). Es wird deutlich: Die psychoanalytisch motivierte Abwertung der Mutter geht einher mit der Idealisierung des Vaters. Die Privilegierung der väterlichen Rolle wird in psychoanalytischen Theorien vielfach hervorgehoben: "Whether the emphasis is on the self's internalisation of patriarchal authority, as in the Freudian theory of the superego, or on its progress towards independence and reality, as in the contemporary

[14] Vgl. Kap. II.1 und II.2.

psychoanalytic theory of oedipal separation, the common assumption is that only the father can take us higher" (Traube 1992: 136).

Das konservative Klima der 80er Jahre hatte nicht nur die Stigmatisierung der erfolgreichen, unabhängigen Frau, sondern auch die zunehmende filmische Präsentation der bösen Mutter zur Folge: "Embodied in rejecting mothers, psychotic seductresses, and overambitious career women, 'excessive' female desire appears as a problem in Hollywood movies of the 1980s, a danger to the family and to society" (Traube 1992: 145-146). Die Lösung dieses Problems stellt die Huldigung des neuen, fürsorglichen Vaters dar, der in diesem Sinne nicht nur zum Beschützer des Kindes, sondern gar zum Retter der Gesellschaft wird.

Die Verunsicherung traditioneller Männlichkeitskonzepte wird nach Lynne Joyrich in der "purely fathered family" (Joyrich 1991:181) augenfällig: "Joyrich interprets the appropriation of women's nurturing role by men in mass-cultural fictions as a response to men's anxieties over their paternal position and the decline of patriarchy" (Traube 1992: 146). Nach Joyrich manifestiert sich im Hollywoodkino der 80er Jahre die männliche Angst vor dem Verlust von Privilegien sehr deutlich, denn hier tritt in radikaler Weise die Annexion weiblicher Fürsorge zugunsten männlicher Autonomie zu Tage. Ein neues Männlichkeitsbild entsteht – jedoch auf Kosten der Frau. Der neue, emotionale Vater ist nur möglich durch den Ausschluss der Frau und kann daher nicht als progressive Entwicklung, sondern lediglich als Fortführung einer misogynen Tradition bewertet werden, wie Tania Modleski am Beispiel von *Three Men and a Baby* bemerkt: "It is possible, the film shows, for men to respond to the feminist demand for their increased participation in childrearing in such a way as to make women more marginal than ever" (Modleski 1988: 80).

Frauen scheinen in jeglicher Hinsicht überflüssig zu sein. Zum Bedeutungsträger des Gefühlslebens werden von nun an die Kinder, die damit eine Funktion übernehmen, die den egoistischen, gefühllosen Karrierefrauen abgeht: "Babies become the signifiers of emotional life in representation, now that women are no longer available for that task" (Williamson 1988: 45). Das Kind wird zur letzten Bastion männlicher Besitzansprüche, zum wertvollen und kostbaren Besitz: "The child in more recent films becomes the man's most precious *possession* [sic], someone who can be claimed in a society in which women can no longer be controlled" (May 1997: 7). Auch hier zeigt sich wieder eine interessante Parallele zum bürgerlichen Trauerspiel, in dem die

Väter all ihre Liebe auf die Töchter projizieren und die Mütter bzw. Ehefrauen überflüssig werden: "Aus dieser Perspektive betrachtet wird die Verdrängung der Mütter plausibel. Sie wären bloß Störfaktoren in dem neuen familiären Herzenspakt zwischen Vater und Tochter" (Möhrmann 1996a: 84). Im Hollywoodfilm der 80er Jahre wird das Kind so zentral, dass es selbst die für das Genre der *Romantic Comedy* entscheidende Komponente, den romantischen Liebesplot, usurpiert, wie Carolyn A. Durham am Beispiel von *Three Men and a Baby* zeigt:

> This 'baby' simultaneously represents and replaces the woman as sexual object. The concern that Michael (Steve Guttenberg) voices during the initial diaper change – 'This is a girl; should we be doing this?' – immediately substitutes an illicit male/female relationship for normal parental/child interaction (Durham 1998:79).

Ein extremerer Ausschluss der Frau ist kaum vorstellbar.
In ihrer Untersuchung über Vaterbilder des Hollywoodkinos der 80er Jahre nehmen Rattigan/McManus Bezug auf die Krise der Männlichkeit, die sich in den 80er Jahren in verschiedenen kulturellen Bereichen abzeichnet. Die boomartige Re-Artikulation des Vaterthemas begründen sie folgendermaßen:

> There are two broad, linked notions that underpin the reiteration of this theme. They are related to the changing role and perception of, first, patriarchy (specifically, growing uncertainties about the social place of 'the father') and, second, of masculinity itself. This latter notion is especially complicated by the growing social awareness of the acceptability, even the need, for the 'sensitive male' (Rattigan/McManus 1992: 15).

Auch Muriel G. Cantor geht davon aus, dass dominante Medienrepräsentationen immer auch eine bestimmte kulturelle Entwicklung adressieren. In den 80ern zeichnen sich, so Cantor, zwei Themen ab: "The first: The myth of female dominance and breakdown of male authority. [...] The second theme is the opposite of the first: men can also be good, kind, and understanding parents" (Cantor 1990: 283). Diesem Schluss kann man jedoch nur bedingt zustimmen, denn das zweite Thema ist nicht das Gegenteil des ersten, sondern seine unmittelbare Folge. Erst die männliche Angst vor Macht- und Privilegienverlust bedingt das Auftreten eines neuen gefühlsbetonten Vatertypus; dieser wiederum funktioniert nur durch das Zurückdrängen und den Aus-

schluss der Frau. Daher hängt, wie Rattigan/ McManus betonen, die Verunsicherung des Patriarchats unmittelbar zusammen mit der Ausbildung einer neuen emotionalen Männlichkeit. Auch Elizabeth G. Traube betont diesen Zusammenhang: "Significantly the importance of fatherhood has been culturally reasserted as men's actual hold over women and children had declined and as antifeminism has pervaded political culture" (Traube 1992: 137). Die filmische Umsetzung dieses Wirkungszusammenhangs manifestiert sich in der Ausbildung eines neuen Vatertypus, der als strategische Lösung einer unerwünschten sozialen Entwicklung fungiert: "One implicit strategy for commercial success was to appeal to widespread anxiety over women abandoning their traditional place in the home while offering a nontraditional form of fatherhood as the ideal solution" (Traube 1992: 126).
Bei Susan Jeffords wird die Darstellung des Vaters zum Vehikel einer Transformation der Männlichkeitsrepräsentation im Hollywoodkino:

> Throughout the late 1980s, fathering was a key characterization and narrative device for displaying the 'new' Hollywood masculinities. [...] Fathering became the vehicle for portraying masculine emotions, ethics, and commitments, and for redirecting masculine characterizations from spectacular achievement to domestic triumph (Jeffords 1994: 166).

Nach Jeffords werden die Unterschiede zwischen verschiedenen Männlichkeitsrepräsentationen durch die Etablierung eines neuen Vaterbildes verwischt. Tatsächlich erscheint das Vaterbild des 80er Jahre Hollywoodkinos sehr homogen und in sich geschlossen[15]. Ob und inwiefern dieses kulturelle Stereotyp in den 90er Jahren noch funktioniert oder ob signifikante Modifikationen dieser Repräsentationsform beobachtet werden können, soll im Folgenden untersucht werden.

[15] Muriel G. Cantor bestätigt diesen Befund und weist darauf hin, dass sich ähnliche Ergebnisse auch in amerikanischen Fernsehserien (insbesondere in den Sit-Coms) der 80er Jahre zeigen (Cantor 1990: 277).

V.2 Vaterfiguren der 90er Jahre

V.2.1 *Something else besides a breadwinner*: Zum Zusammenspiel von Männlichkeit und *Class*

Innerhalb der *Men's Studies* haben insbesondere die Forscher der Sozialistischen Richtung auf die Bedeutung der kapitalistischen Gesellschaftsform für die Konstruktion der männlichen Geschlechtsidentität hingewiesen. Nach ihrer Meinung wird die Konstitution von Männlichkeitskonzepten vor allem durch ökonomisch determinierte Klassenstrukturen beeinflusst.

Sowohl in den Kulturwissenschaften als auch in der Filmwissenschaft wird die Frage der sozialen Klasse bis heute vernachlässigt, wie David E. James feststellt:

> But although feminism had transformed the humanities in the twenty years since the burgeoning of the women's liberation movement, and inroads were certainly being made by peoples of color, consideration of class was almost entirely absent from the humanities generally and film studies in particular. In an age of unprecedented extensions of the limits of discourse, one topic alone remained unspeakable (James 1996a: 2).

Für diese Entwicklung gibt James folgende Erklärung: "The absence of a generally accepted theory of class and of its articulation with other forms of structural division, and hence the absence of any single systematic or comprehensive theory of the way class could inform the study of cinema" (James 1996a: 5). Seit den 70er Jahren habe sich die Filmwissenschaft, so Berg, hauptsächlich an der Lacanschen Psychoanalyse orientiert. Durch die Konzentration auf dieses Theoriekonzept wurden andere Komponenten, die für die Filmanalyse von Bedeutung sind, systematisch ausgeklammert: "After this point, given that even the historically specific family structure was not admissible as a mediating agency in the structuration of the unconscious and of language around the phallus or its lack, the main currents of cinema studies had no theoretical means of addressing issues of class" (James 1996a: 17). Auch wenn James mit seiner Einschätzung richtig liegt, dass die filmanalytische Theoriedebatte bis heute von psychoanalytischen Erklärungsmodellen beeinflusst wird und dass die psychoanalytische Filmtheorie eine Form des Essentialismus darstellt, deren Konzentration auf die Frage der Geschlechterdifferenz und deren Implikationen einen gefährlichen Ausschluss anderer determinierender Faktoren der sozialen Formation bewirkt, so muss doch hinzugefügt werden, dass die Frage nach der Bedeutung der sozialen Klasse für die Filmanalyse nicht völlig ausgeblendet wurde. Vor allem die Forscher der *Cultural Studies*, von denen einige wie z. B. Raymond Williams oder Richard Hoggart immer wieder auf ihre Arbeiterklassewurzeln hingewiesen haben, wandten sich der Analyse der Zusammenhänge zwischen Medienrepräsentationen und Klassenstrukturen zu (vgl. Grossberg 1992, Ang 1998, Barker 2000). Auch David Morely betont in seinen empirischen Untersuchungen über das Fernsehrezeptionsverhalten den Stellenwert des Klassenstatus und kommt zu dem Schluss, dass eine deutliche Korrelation von sozialen Klassenpositionen und Dekodierungsmechanismen besteht (Morely 1992). Jedoch beschränkt er sich in seinen späteren Untersuchungen auf Arbeiterklassefamilien und deren inhärente Geschlechtsstrukturen, ohne sie mit anderen gesellschaftlichen Formationen, etwa sozial privilegierten Familien, zu vergleichen, so dass die soziale Klasse nicht ein Vergleichsmoment, sondern eine stabile Konstante darstellt und daher als Analysekategorie unsichtbar wird. Morely ist sich dieses Defizits bewusst: "Gender analysis was prioritised more exclusively than had originally been intended, and the effectivity of this particular factor was isolated from that of others – such as class and age" (Morely 1992: 160); trotzdem verharrt er auf seinem *Gender*-orientierten Ansatz, ohne auf weitere relevante soziale Kategorien einzugehen.

Die Zahl der Publikationen, die sich mit der Bedeutung von Klassenstrukturen für filmtheoretische Fragestellungen auseinandersetzen, ist bis heute verschwindend gering. Die meisten Ansätze beschäftigen sich mit der sozialen Zugehörigkeit des Rezipienten; eine fundierte Untersuchung zu den Variationen von medial vermittelten Modellen der sozialen Klasse sowie Ansätze, die der filmspezifischen Geschlechtsrepräsentation in Verbindung mit gesellschaftlich relevanten Kategorien nachgehen, stehen bislang aus. Da die Frage des Zusammenspiels von unterschiedlichen soziokulturellen Faktoren für die Konstitution der männlichen Geschlechtsidentität von entscheidender Bedeutung ist, soll im nächsten Kapitel untersucht werden, inwieweit die soziale Klasse neben anderen kulturellen Segmenten das medial vermittelte Bild des Mannes strukturiert und welche Bedeutung dies in Zusammenhang mit der Repräsentation des Vaters hat.

V.2.1.1 *Look Who's Talking* (Amy Heckerling, 1989)

In ihrer Untersuchung *American Film and Society since 1945* kommen Leonard Quart und Albert Auster zu dem Ergebnis, dass die Frage der sozialen Klasse im Hollywoodkino der 80er Jahre keine besonders große Rolle gespielt habe: "Sometimes even class barriers are alluded to – [...] but in 1980s America, despite the continuing reality of class, that idea had little emotional or social resonance for adolescent moviegoers" (Quart/Auster 1991: 163). Am Ende des Jahrzehnts kommt mit *Look Who's Talking* ein Film in die Kinos, der das beliebte Vaterthema der 80er Jahre aufgreift und die Tradition des emotionalen Vaters fortschreibt, es jedoch um eine neue Komponente erweitert: die Thematisierung der sozialen Klasse.

Im Zusammenhang mit der Vaterschaft hat das Modell des Brotverdieners, des finanziellen Unterstützers, der für das ökonomische Wohl des Kindes sorgt, schon immer eine wichtige Rolle gespielt. Männliche Macht hängt immer auch mit ökonomischer Macht zusammen, wie Douglas Kellner betont: "The scenario also suggests that male power is tied to economic power and that as men lose their economic power in a declining economy, they lose their familial or patriarchal power as well" (Kellner 1996: 232). Innerhalb der *Men's Studies* ist das Zusammenspiel von männlicher Macht und ökonomischen Zusammenhängen ein herausragendes Thema. Etliche Autoren gehen davon aus, dass viele traditionelle Quellen der männlichen Identität (so z. B. die des Vaters und die des Brotverdieners) in den 80er und 90er Jahren geschwächt worden seien und dass so eine Krise der Männlichkeit ausgelöst worden sei. Michael Kimmel beispielsweise konstatiert:

> The structural foundations of traditional manhood – economic independence, geographic mobility, domestic dominance – have all been eroding. The transformations of the workplace [...] have pressed men to confront their continued reliance on the marketplace as the way to demonstrate and prove their manhood (Kimmel 1996: 298-299).

Kimmel betont, dass die zunehmende Beteiligung der Frau auf dem Arbeitsmarkt eine fundamentale Änderung der gesellschaftlichen Machtverhältnisse bewirkt habe und dass dies sich sowohl auf die männliche Identitätsfindung als auch auf die Machtrelationen innerhalb der Familie ausgewirkt habe. Dieter Lenzen geht sogar so weit, zu behaupten, dass am Ende des 20. Jahrhunderts die Vaterrolle auf das ökonomische Segment reduziert worden sei und dass die meisten Männer, ihrer pädagogischen und emotionalen Fähigkeiten beraubt, zu Zahlvätern degradiert würden: "Was bleibt? In vielen Teilen der Gesellschaft scheinen die Funktionen des Vaters gegen Null zu gehen. Die verbliebene alimentatorische ist wohl diejenige, die am stabilsten ist" (Lenzen 1997: 128). Zwar ist die ökonomische Komponente der Vaterrolle von nicht zu unterschätzender Bedeutung, jedoch kann das Bild des Vaters nicht auf dieses einzelne isolierte Element reduziert werden: "Allein schon die Definition dessen, was es heißt, ein guter Vater zu sein, beschränkt sich nicht mehr nur auf die Rolle des bloßen Ernährers. Gefordert sind emotionale Zuwendung und Einfühlungsvermögen" (Osherson 1996: 7). Diese emotionale Kompetenz des Vaters wurde in den Hollywoodfilmen der 80er Jahre durch die Präsentation liebevoller Väter zelebriert; allerdings auf eine unreflektierte Weise, die die Väter zu Rettern vor gefühllosen, karriereorientierten Müttern werden ließ. Das ökonomische Spannungsfeld blieb weitgehend unberücksichtigt. 1989, 10 Jahre nach *Kramer vs. Kramer*, zeigt sich mit *Look Who's Talking* der Versuch, diese Lücke zu schließen[16].

Mollie (Kirstie Alley), die Protagonistin des Films, wird von Albert (George Segal), einem verheirateten Mann, mit dem sie ein Verhältnis hat, schwanger. Da Mollie in ihrem Beruf als Steuerberaterin erfolgreich und daher finanziell unabhängig ist, scheinen für sie die emotionalen und pädagogischen Fähigkeiten des Vaters die wichtigste Rolle zu spielen. Was sie an Albert fasziniert, ist zunächst das Bild eines liebevollen, pflichtbewussten Familienmenschen. Dies wird schon in der Anfangssequenz deutlich, als Mollie Albert während einer heftigen Umarmung gesteht: "Ich liebe dich, Albert, du bist ein wunderbarer Vater, du bist toll im Bett, und du bist mein wichtigster Kunde...". Die Reihenfolge ist hier aufschlussreich: An erster Stelle lobt Mollie Alberts Rolle als Vater; erst dann erwähnt sie seine sexuelle und ökonomische Attraktivität. Obwohl Albert durch das Verhältnis sowohl Mollie als auch seine Frau betrügt und somit alles andere als Verantwortungsbewusstsein demonstriert, scheint Mollie sich besonders durch seine Rolle als liebevoller Familienvater zu ihm hingezogen zu fühlen: "Molly [sic] continues to see in him a mature, respon-

[16] Das Produktionsjahr des Films (1989) legt eine zeitliche Einordnung in die 80er Jahre nahe. Ähnlich wie bei *Kramer vs. Kramer* (1979) zeigen sich jedoch signifikante Momente in thematischer und ästhetischer Hinsicht, die den Film als Wendepunkt einer bestimmten Entwicklung zeigen, so dass ein Bezug zu den 90er Jahren gerechtfertigt erscheint.

sible man whose masculinity is defined by his ability to support a family" (Traube 1992: 158). Schon bald wird jedoch deutlich, dass Albert diesem Ideal nicht entspricht. Seine Figur zeigt vielmehr die Charakterzeichnung des Yuppies, eines kulturellen Stereotyps, das sich im Laufe der 80er Jahre durchsetzte: "The Yuppie stereotype incorporates an entire philosophy of success, promoting the opportunity of economic mobility, the workplace as playground, the office as creative outlet for social change" (Ward 1990: 106). Ökonomische Bedingungen werden für Yuppies zum identitätsstiftenden Moment: Sie begreifen Männlichkeit vor allem in Relation zu wirtschaftlichem und beruflichem Erfolg. Albert scheint ein Anhänger dieser Philosophie zu sein; seine beruflichen Ambitionen und seine Beschränktheit auf Äußerlichkeiten werden im Film jedoch kritisch kommentiert und ins Lächerliche gezogen:

> Albert is a parody of this new masculinity. Although still a breadwinner when we meet him, he no longer identifies himself with the role but is more concerned about the class status asserted through his New Age office door. [...] Albert invokes the pop psychology that derived from the Human Potential movement and earnestly defends growth over maturity, mobility over stasis, healthy narcissism over perverse self-sacrifice (Traube 1992: 159).

Alberts Rolle des aufopfernden, liebevollen Vaters und ökonomischen Unterstützers wird mehr und mehr zur Karikatur: Sowohl Mollie als auch dem Zuschauer wird schnell klar, dass er nicht die besten Voraussetzungen für die Aufgabe der Vaterschaft mitbringt. Doch der nächste Bewerber für die Vaterrolle steht schon bereit: der Taxifahrer James (John Travolta), der Mikeys Leben von Anfang an begleitet. Zuerst fährt er die schwangere Mollie während einer halsbrecherischen Fahrt durch den New Yorker Stadtverkehr ins Krankenhaus, dann ist er während der Geburt anwesend und schließlich betreut er Mikey als Babysitter. Hier setzt sich ein Trend fort, der schon in den 80er Jahren angelegt wurde: "Voraussetzung für eine derartige Konstellation ist, daß die biologische Vaterschaft als nebensächlich gilt" (Krützen 1999: 119). Neuere soziologische Untersuchungen bestätigen einen Wechsel von essentialistischen Definitionen der Vaterschaft und unterstreichen die Bedeutung der emotionalen Bindung innerhalb der Eltern-Kind Beziehung. A. Cherlin und F. Furstenberg beispielsweise betonen: "It is necessary to reconsider the doctrine that family is largely determined by 'blood' and to assign, rather, a higher importance to the emotional, social, and

material resources that parents, biological and nonbiological, provide" (Cherlin/Furstenberg 1994: 378).
James scheint alle Voraussetzungen für die Rolle des liebevollen, verantwortungsbewussten Vaters zu besitzen. Während Alberts Expertenratschläge und psychotherapeutische Hinweise wenig hilfreich sind, steht James Mollie mit Erfahrung und praktischen Tipps zur Seite: "Machen Sie keine Atemübungen? Immer atmen! Hat meine Schwägerin auch gemacht." Sein Verantwortungsbewusstsein wird weiterhin durch einen *subplot* demonstriert, in dem James sich liebevoll um seinen Großvater kümmert und seine Unterbringung und angemessene Versorgung in einem Altersheim organisiert. Mollie zeigt sich zwar beeindruckt von James' Fürsorge und pädagogischen Fähigkeiten; mit seiner Zugehörigkeit zur Arbeiterklasse, die der Funktion des ökonomischen Unterstützers des Kindes entgegensteht, scheint sie jedoch Schwierigkeiten zu haben. Dies wird deutlich in einer Sequenz, die einen Albtraum Mollies präsentiert: Man sieht sie, umgeben von einer Horde ungepflegter, schreiender Kinder, in einer chaotischen Küche stehen. Die Tür öffnet sich und James erscheint: unrasiert, bierbäuchig und mit einem fleckigen Unterhemd bekleidet. Stolz erzählt er seinen Kindern, dass er im Müllcontainer hinter dem Supermarkt einen fast noch frischen Salatkopf und eine ungeöffnete Konserve ergattert habe; anschließend unterhält er die Familie mit seinen Rülpskünsten. Diese komisch verzerrte Vorstellung einer Proletarierfamilie stellt für Mollie ein Horrorszenario dar; sie ist dermaßen verwirrt, daß sie den perplexen James mit dem Hinweis, es gehe nur um das Wohl ihres Kindes, vor die Tür setzt. James' Zugehörigkeit zur Arbeiterklasse wird von dem Film nicht nur durch seine Figurenzeichnung als ständig unter Geldnot leidender Taxifahrer unterstrichen; es finden sich auch extradiegetische Hinweise. John Travoltas Auftritt in *Look Who's Talking* stellt ein Comeback dar; Popularität und Starruhm hatte er einige Jahre zuvor vor allem durch die Tanzfilme *Saturday Night Fever* (1977), *Grease* (1978) und *Staying Alive* (1982) erlangt. In allen diesen Filmen stellte Travolta junge Arbeiterklassehelden dar, die durch ihre Tanzkünste zu beeindrucken wissen. Auf dieses Element seiner Starpersona wird in *Look Who's Talking* mehrfach angespielt. So wird Travolta nicht nur in einer ausgelassenen Tanzszene mit Mikey gezeigt; weiterhin versucht er auch Mollie mit mehreren Tanzeinlagen und seinem gekonnten Hüftschwung zu verführen. Außerdem ist der Bee Gees Klassiker *Staying Alive*, der Titelsong des gleichnamigen Films, auf dem Soundtrack zu *Look Who's Talking* als

weiterer eindeutiger Hinweis auf Travoltas vorheriges Rollenimage vertreten. Auch Travoltas Gesangseinlagen sowie seine gekonnte tollenähnliche Frisur, beides Zitate der Elvisära, legen die Nähe zum Arbeiterklassemilieu nahe.
James' Zugehörigkeit zur Arbeiterklasse bedeutet für Mollie zunächst ein abschrekkendes Moment, da sie sie vorrangig mit Geschmacklosigkeit, Rohheit und Vulgarität assoziiert. In *Look Who's Talking* wird die Arbeiterklasse jedoch nicht mit der von Mollie angenommenen traditionellen Konnotation präsentiert, sondern fungiert vielmehr als emotionsbesetzter Raum, der im krassen Gegensatz zu Alberts egoistischer, gefühlloser Arbeitswelt steht:

> A dominant tendency from the late 1970s through the 1980s has been to use the blue-collar working-class community as a metaphor for traditional masculinity, which is either celebrated or attacked, according to the ideological orientation of a given narrative. The twist in *Look Who's Talking* is a neat one. The working-class imagined in the movie is not an enclave for patriarchal discipline or cocky male comraderie but is coded instead as a woman's domain, a place where the nurturant ties of kinship and community are supreme (Traube 1992: 159).

Zwar kann James Mikey nicht die ökonomische Sicherheit bieten, die sein biologischer Vater Albert ihm verspricht; James' Überlegenheit in Bezug auf die Vaterrolle wird jedoch unzweifelhaft herausgestellt. Dies wird besonders deutlich in einer Sequenz, in der James Albert aus Mollies Wohnung herauswirft. Auch wenn diese Aktion mit einem kleinen Kampf und Gerangel verbunden wird, so ist es kein überzogener Machismo, der den Wettbewerb der beiden Männer entscheidet. James' Überlegenheit zeigt sich in einem Kräftemessen anderer Art. Als Albert behauptet, als Mikeys Vater ein Recht auf den Jungen zu haben, konfrontiert ihn James mit einer Attacke von Fragen: "Was frühstückt er am liebsten? Was ist sein Lieblingsstofftier? Wer ist sein Lieblingsrockstar? Wie viele Windeln verbraucht er ungefähr am Tag? Finden Sie nicht, dass sein Vater etwas davon wissen sollte?" Alberts Antwort auf diese Fragen beschränken sich auf ein hilfloses Stammeln; James geht als Sieger dieser Runde hervor. Elizabeth G. Traube erkennt in dieser Konstellation, die die emotionale und fürsorgliche Komponente der Männlichkeit betont, eine Redefinition des traditionellen Geschlechterverhältnisses und damit auch eine Neubewertung der Vaterschaft:

> The movie breaks the chain of correspondences that align the male/female difference with other differences, with authority/nurturance, absence/presence, autonomy/dependence, separation/connectedness, public sphere/private sphere and all the other polarities that are institutionalised along the path to oedipal socialization. [...] Fatherhood has been redefined in terms of the pure, nurturing presence and emotional connectedness conventionally assigned to the mother (Traube 1992: 161).

James übernimmt zwar Verantwortung, zeigt pädagogische Fähigkeiten und häusliche Präsenz, auch ist seine emotionale Bindung zu Mikey unübersehbar; eine unbeschränkte Übernahme der Mutterrolle kann jedoch nicht angenommen werden. In ihrer Diskussion des Films *Three Men and a Baby* stellt Carolyn A. Durham fest: "Nimoy's narrative structure confirms that men who 'mother' need not prove their right and ability to do so; on the contrary, they must now demonstrate not that they are women but rather that they are still men" (Durham 1998: 78). Diese Beobachtung trifft auch für *Look Who's Talking* zu. Der Film nimmt sich zwar viel Zeit, James in seiner Vaterrolle zu präsentieren, jedoch sind dieser Darstellung auch deutliche Grenzen gesetzt. James wird keinesfalls auf den traditionell weiblich konnotierten Innenraum, die häusliche Sphäre, als Aktionsraum beschränkt. Als müsse seine Männlichkeit, die durch die Verbindung mit Kind, Heim und Herd bedroht erscheint, neu unter Beweis gestellt werden, gesteht man James mehrere Actionsequenzen zu. Dies beginnt mit der ungewöhnlich langen Sequenz der Taxifahrt, in der James Mollie ins Krankenhaus bringt. Diese Autofahrt verläuft nicht ohne aufwendige Wendemanöver und akrobatische Slalomfahrten und erreicht schließlich ihren Höhepunkt, als James eine Baustellenabsperrung durchbricht. Ergänzt wird die Sequenz mit traditionellen Virilitätsposen wie der siegesgewiss geballten Faust, dem entnervten Schlag auf das Lenkrad oder den wüsten Flüchen und Beschimpfungen, die er den anderen Autofahrern zukommen lässt. Diese Sequenz ist nicht unbedingt relevant für den weiteren Handlungsverlauf; sie dient vielmehr der Herausstellung und Bestätigung von James' Maskulinität. Noch deutlicher wird dies in der Schlusssequenz des Films. Mikey hat sich selbstständig gemacht und findet sich plötzlich auf einer großen Kreuzung inmitten des New Yorker Stadtverkehrs wieder. In einem waghalsigen Rettungsmanöver sprintet James auf das Kind zu, um es vor den Autos zu schützen. Diese Sequenz beinhaltet deutliche Gestaltungselemente des Actionfilms: schnelle Schnitte, verwakkelte Kamera, zahlreiche Autocrashs. Als spannungssteigerndes Moment wird dramatische Musik eingesetzt, und als James auf das Kind zuläuft, wird er in Großaufnahme vor einem verwischten Hintergrund gezeigt. Nicht der bedrohliche Stadtverkehr ist hier von Interesse, er fungiert nur noch als Hintergrundstaffage; allein der Retter, dessen athletische Figur durch die enge Kleidung und die angespannten Muskeln hervorgehoben wird, steht jetzt im Zentrum.

Lynne Joyrich sieht den Film als eine einseitige Affirmation der männlichen Dominanz, eine Lesart, die sie unter anderem an der transtextuellen Assoziation mit Bruce Willis festmacht, der sowohl den Spermien als auch dem Baby Mikey seine Stimme leiht (Joyrich 1991). Weiterhin bemängelt Joyrich, dass die Spermien als aktive "Eroberer" präsentiert werden, während die Eizelle stimmlos und passiv bleibt. Diese anfängliche Beobachtung zu einem Gesamturteil über den Film auszuweiten, ist jedoch eine Strategie, die zu kurz greift. Die männlich aktive Rolle, auf der Joyrich ihre Argumentation aufbaut, wird im weiteren Verlauf des Films ironisch reinterpretiert und mit den in der Narration präsentierten egalitären Geschlechtsrelationen kontrastiert: "In place of the traditional division of family roles, the movie imagines a couple who share the caring" (Traube 1992: 159-160). Besonders wichtig ist in diesem Zusammenhang die Neubewertung der beruflich erfolgreichen, unabhängigen Frau. Mollie wird nicht, wie ihre Kolleginnen der Filme aus den 80er Jahren, als herzlose Karrierefrau präsentiert, die über ihren beruflichen Ambitionen ihre mütterlichen Pflichten vernachlässigt. In *Look Who's Talking* fungiert auch der Vater nicht als Beschützer des Kindes vor seiner eigenen Mutter. Vielmehr wird ein Familienmodell dargestellt, das ein Zusammenleben frei von Geschlechterhierarchien voraussetzt: "Against the increasingly shrill attacks on women's independence and the clamorous calls for the return of the father, the film imagines a family system free of gender domination" (Traube 1992: 166-167). Diese Neubewertung von familiären Strukturen und dem Verhältnis der Geschlechter zueinander hängt sicherlich auch mit der weiblichen Perspektive des Films zusammen. Im Gegensatz zu den Babyboom-Filmen der 80er, die ausnahmslos von männlichen Regisseuren realisiert wurden, gab bei *Look Who's Talking* Amy Heckerling, eine der wenigen erfolgreichen Hollywoodregisseurinnen, den Ton an: Sie schrieb das Drehbuch und führte Regie. Steht nun in den 90ern durch die zunehmende Beteiligung der Frau am Hollywoodsystem ein Paradigmenwechsel in der Geschlechterrepräsentation an? Vor einem solch kurzgreifenden Schluss warnen Quart und Auster: "Nevertheless, there is no guarantee that the fact that some women achieved power in Hollywood would mean that a more profound feminist perspective would inform its product, since profits are Hollywood's governing reality, and risk-taking is usually left to filmmakers outside the system" (Quart/Auster 1991: 170).

Heckerlings Perspektive bietet jedoch einige interessante Neuansätze. Deutlich wird in ihrem Film nicht nur der Kampf gegen die Geschlechterpolarität, auch die Thematisierung von sozialer Klasse im Zusammenspiel mit Männlichkeitsrepräsentationen stellt eine Weiterentwicklung dar, die sie von ihren Kollegen mit den einseitigen Väterbildern der 80er Jahre unterscheidet. Jedoch hat die Frage der sozialen Klasse auch bei Heckerling ihre Grenzen. Elizabeth G. Traube kritisiert, dass der Film soziale Themen wie z. B. die Kindererziehung von berufstätigen Müttern privatisiere und die komödiantische Auflösung der Paarbildung als unbefriedigende Lösung vorstelle: "Obscured in this individualistic viewpoint are the class restrictions on the new domestic ideal. The happiness that seems to flow solely from Molly's [sic] and James' 'rightness' for each other is implicitly underwritten in the movie by flexible work-schedules and paid child care – in short, by privileges of the professional middle class." (Traube 1992: 166). Traube fährt fort: "The professional middle class is a critically important movie audience [...] and its sensibilities are overrepresented in mass-cultural fictions" (Traube 1992: 168). Dieser Einschätzung kann man nur bedingt zustimmen. Den Anforderungen und Belangen der Arbeiterklasse wird durch die zentrale Figur James breiter Raum zugestanden. Seine positive Charakterzeichnung hebt ihn von vielen stereotypen Darstellungen der Filmgeschichte ab, die entweder eindimensionale Helden der Arbeit oder abschreckende Negativbeispiele präsentierten. Mollie entscheidet sich letzten Endes nicht für Albert, der eher für das traditionelle Modell der Vaterschaft steht und den ökonomischen Versorger sowie den Vertreter einer maskulinen Autorität repräsentiert. Wichtiger als wirtschaftliche Sicherheit und männliche Selbstbestätigung durch den Beruf ist die emotionale Bindung zum Kind und eine Form der Arbeitsteilung, die eine demokratischere Form des Familienlebens ermöglicht: Für dieses Modell steht James. Was Traube als "Privileg der Mittelklasse" bezeichnet, kann auch von Vertretern anderer sozialer Klassen rea-

lisiert werden, denn James ist durchaus in der Lage, seinen Beruf als Taxifahrer mit der Betreuung Mikeys unter einen Hut zu bringen.
Look Who's Talking markiert durch die Darstellung eines Modells der geteilten Elternrollen und der Abkehr von eingefahrenen Geschlechterhierarchien einen wichtigen Wendepunkt. Die 90er Jahre antworten anders auf die Unabhängigkeit der Frau, als es in den 80er Jahren noch der Fall war: Beruflich erfolgreiche Frauen werden nicht länger stigmatisiert oder marginalisiert, sie rücken in den Mittelpunkt des Geschehens und werden zu zentralen Handlungsträgern[17]. Dadurch wird die einseitige Konzentration auf die Superväter der 80er Jahre aufgehoben und durch ein Modell ersetzt, das zwar dem Vater immer noch eine zentrale Rolle zugesteht[18] und eine Redefinition des traditionellen Vaterbildes fordert, das aber auch der Mutter einen breiten Aktionsraum einräumt und sie nicht zur Verursacherin männlicher Identitätskrisen und Verlustängste degradiert.

V.2.2 *United Colors of Hollywood*: Zum Zusammenspiel von Männlichkeit und *Race*

Aus der Erkenntnis, dass die Kategorie Geschlecht in vielen kulturellen Diskursen eine determinierende Rolle spielt, erwuchs vor allem von Seiten schwarzer Forscherinnen und Forscher seit den 80er Jahren die Kritik an der von der Psychoanalyse vorausgesetzten Zentralität des Geschlechts, die andere wichtige soziale Determinanten, wie z. B. ethnische Kategorien vernachlässige. Bell Hooks weist auf dieses Defizit hin und erklärt "how the construction of psychoanalysis in the West erases race while privileging sexual identity and experience as that which is subject to repression and denial" (Childers/Hooks 1990: 65). Durch die Konzentration auf das Geschlecht als einzig gültigen sozialen Faktor werden, so Hooks, andere Möglichkeiten der Diskriminierung ausgeblendet und missachtet.

---

[17] Weitere Beispiele für diese Tendenz, die die beruflich erfolgreiche Mutter nicht länger verdammt, sondern positiv bewertet, sind die Filme *Jerry Maguire* (1996), *One Fine Day* (1996) und *Erin Brockovich* (1999).

[18] Die Zentralität des Vaterthemas wird in *Look Who's Talking* insbesondere in der Schlusssequenz deutlich. Als Belohnung für James' selbstlose Rettungsaktion spricht Mikey sein erstes Wort: "Dada", eine etwas holprige Version von "Daddy".

Insbesondere die Forscher, die sich mit Theorien des Postkolonialismus auseinandersetzen[19], weisen seit den 80er Jahren auf dieses Forschungsdefizit hin und beschäftigen sich verstärkt mit ethnischen Kategorien. Im Mittelpunkt ihrer Untersuchungen stehen "questions of hybridity, syncretism, of cultural undecidability and the complexities of diasporic identification which interrupt any 'return' to ethnically closed and 'centred' original histories" (Hall 1996: 253). Der Terminus Hybridität, der die Geschlossenheit von sozialen, ethnischen und kulturellen Kategorien angreift, ist in diesem Zusammenhang von zentraler Bedeutung. Claudia Breger erläutert: "Die Rede von *hybrids* [...] nimmt komplexe (Vor-) Geschichten auf, transportiert und transformiert koloniale und sexualhistorische Zusammenhänge, erinnert und rekonstruiert Ausschlußverfahren, Prozesse der Identitätsbildung (und -verweigerung) sowie Machtverteilung im Zuge diskriminierender Rede" (Breger 1999: 67). Die Analyse und Hinterfragung von Bildern scheinbar homogener und stabiler Ethnizität gewann auch innerhalb der Filmwissenschaft an Bedeutung[20]. Afroamerikanische Forscher wie Manthia Diawara, Donald Bogle und Lola Young legten Entwürfe für eine Geschichte des afroamerikanischen Films vor und begannen, die Ambivalenzen und Diskontinuitäten im Zusammenhang mit ethnischen Repräsentationsformen zu erforschen (vgl. Diawara 1993, Bogle 1994, Young 1996). In ihren Untersuchungen ist ein Ergebnis von besonderer Bedeutung: Im Übergang von den 80er zu den 90er Jahren ergibt sich durch die Beteiligung junger, schwarzer Filmemacher am Produktionssystem der Hollywoodstudios (unter ihnen Spike Lee, John Singleton und Mario van Peebles) ein Paradigmenwechsel:

> A movement of African American filmmakers created a new kind of cinema, now becoming part of the commercial mainstream, in which African American cultural signs, signposts, and demarcations flew all over the place. American movies had a new look and sound. Often the new filmmakers (directors, writers, producers) made films [...] that reflected social problems or dilemmas (Bogle 1994: 326).

[19] Unter ihnen z. B Gayatri Chakravorty Spivak, Homi K. Bhabha und Stuart Hall. Vgl. Spivak 1987, Bhaba 1994 und Hall 1996. Zur neueren Entwicklung der Postkolonialismusdebatte vgl. Chambers 1996 und Bronfen/Steffen/Marius 1997.

[20] Das gesteigerte Interesse an Fragen und Themen in Zusammenhang mit dem afroamerikanischen Film hat sich in den USA bereits zu einem eigenen Forschungsbereich entwickelt, der dort deutlich etablierter ist als in Deutschland, was sich u.a. daran ablesen lässt, dass es in den USA bereits einen eigene Zeitschrift gibt, die sich mit dem Forschungskomplex auseinandersetzt, den *Black Film Review*.

Waren es bisher vorwiegend die weißen Regisseure des Hollywoodkinos, die das filmische Bild des Schwarzen prägten[21] und hatten bislang nur wenige unabhängige afroamerikanische Regisseure[22] Anteil an der Produktion und Distribution von Filmkunst, so erkämpfte zu Beginn der 90er Jahre eine Gruppe von schwarzen Regisseuren den Zugang zum Mainstreamkino und etablierte eine neue Ästhetik, die sich mit der Präsentation sozialer Probleme aus schwarzer Perspektive auseinandersetzte. Mit dieser Entwicklung setzte eine neue Welle der afroamerikanischen Filmproduktion ein, die boomartige Ausmaße erreichte: "Black film production in 1990 and 1991 alone easily surpassed the total production of all black-focused films released since the retreat of the Blaxploitation wave in the mid-1970s" (Guerrero 1993: 158). Diese Entwicklung ist unter anderem auf sozioökonomische Bedingungen zurückzuführen: "Realizing the need to appeal to black audiences, which make up a large portion of the movie-viewing audience, major production companies focused their energies on films which deal with issues that speak to African Americans" (Chan 1998: 35). Gerade die Aktualität und der Realitätsbezug der neuen afroamerikanischen Filme, die sich von der Routine der amerikanischen Filmproduktion abhoben, sollten weiße und schwarze Kinogänger ansprechen: "Denn im Gegensatz zu vielen Hollywood-Produktionen, die in einem zeitlosen Niemandsland zu spielen scheinen, liefern schwarze Filmemacher gesellschaftlich und politisch brisantes Material" (Wefel 1992: 40).

Eine weitere Beobachtung ist hier von Interesse: Die neuen schwarzen Filmemacher konzentrieren sich in auffälliger Weise auf die Repräsentation der *männlichen* afroamerikanischen Identität: "The primary images issuing from these new films concern the historical complexity and contemporary conditions affecting the African American Male [...]. These new films take quite seriously their representational role as modelling a future for today's young black men" (Wiegman 1993: 173). Einige Forscher der afroamerikanischen Richtung der *Men's Studies* verstehen diese neuen Filme als Antwort auf die Krise der afroamerikanischen Männlichkeit, die sich ihrer

[21] "Hollywood's Blacks exist primarily for White spectators whose comfort and understanding the films must seek, whether they thematize exotic images dancing and singing on the screen, or images constructed to narrate a racial drama, or images of pimps and muggers" (Diawara 1993a: 3) konstatiert Manthia Diawara und umschreibt so treffend nicht nur die weiße Perspektive des Hollywoodkinos, sondern auch die Ausgrenzung von Schwarzen als Produzenten und Publikum.

[22] Unter ihnen z. B. William Greaves, Haile Gerima und Bill Woodberry.

Meinung nach seit den 80er Jahren als Folge von gesellschaftlich akzeptiertem Rassismus und sich rapide verschlechternden ökonomischen und sozialen Bedingungen ausgebreitet hat. Michael Eric Dyson konstatiert: "Even less have we understood the crisis of black males as rooted in childhood and adolescent obstacles to socio-economic stability, and moral, psychological and emotional development" (Dyson 1993: 211). Er fährt fort:

> While mainstream American culture has only barely begun to register awareness of the proportions of the crisis, young black males have responded on the last decade primarily in a rapidly flourishing popular culture. [...] The films of Spike Lee, Robert Townsend, and now Matty Rich and Mario Van Peebles, have afforded young black males a medium to visualize and verbalize their perspectives on a range of social, personal, and cultural issues (Dyson 1993: 212-213).

Inwieweit das Zusammenspiel von ethnischen und geschlechtlichen Kategorien im Zusammenhang mit der Krise der Männlichkeit von Bedeutung ist und welche Rolle die Repräsentation der Vaterfigur in dieser Konfiguration spielt, soll im Folgenden untersucht werden.

V.2.2.1 *Boyz N the Hood* (John Singleton, 1991)

Mit nur 23 Jahren legte John Singleton 1991 sein Regiedebut *Boyz N the Hood* vor. Der Film war zunächst als unabhängige Produktion geplant; mit Columbia Pictures investierte schließlich jedoch eines der großen Studios in einen Film, der auf eine unglaublich große Resonanz stieß: "The film emerged as the most successful black genre film in movie history at that time" (Bogle 1994: 347). Singleton wurde als bester Regisseur für den Oscar vorgeschlagen und war somit nicht nur der jüngste Nominierte in dieser Kategorie, sondern auch der erste afroamerikanische Anwärter auf den Regieoscar.

Singletons außergewöhnlich erfolgreicher Film wurde stilbildend für eine ganze Reihe von darauffolgenden Gettofilmen, die mit der Präsentation der maroden Zustände und der omnipräsenten Gewalt in Großstadtgettos eine neue filmische Perspektive eröffneten: "The films and filmmakers have succeeded in making visible previously unscreened spaces of the contemporary hood [...] and have done so by targeting both black and white audiences" (Massood 1996: 94). Die Bedeutung dieses filmästhetischen und thematischen Umschwungs im Hollywoodkino wird durch einen Vergleich mit anderen Genres deutlich, etwa den in den 80er Jahren beliebten Teenagerkomödien: "To realise how unusual this is for modern Hollywood, one need only contrast *Boyz N the Hood* with the 80s Brat Pack films: in the former, black teens see life in terms of survival, in the latter, white teens see it in terms of fun" (White 1991: 10). Viele Kritiker lobten den realistischen Stil und die vermeintliche Authentizität der Filme; manche schrieben ihnen sogar symbolische Bedeutung und soziales Wirkungspotential zu:

> It [*Boyz N the Hood*] could even been seen as a valid symbolic response to the then-recent beating of Rodney King by the Los Angeles Police Department. Moreover, through the popularity of this film, space for the acknowledgement of the alarming rates of black male homicide and incarceration grew in the dominant discourse (Wallace 1992: 123).

Auch Paula J. Massood vertritt die Meinung, dass der Boom der Gettofilme ein Indiz für das gesteigerte Medieninteresse an sozialen Problemen sei: "The recent increase in the production of hood films, coupled with the popularity of gangsta' rap to crossover audiences, has resulted in a concurrent rise in mainstream media interests devoted to the problems of the 'inner city'" (Massood 1996: 85). Derartige Bewertungen übersehen jedoch einen wichtigen Punkt: Die Gefahr der Marginalisierung der schwarzen Popkultur durch die Konzentration auf das durch Gewaltdarstellung geprägte Actiongenre:

> Die Dämonisierung schwarzer männlicher Jugendlicher in der amerikanischen Medienkultur, die unentwegt paranoide Phantasien der *inner cities* als Orte des völligen sozialen und ethischen Zerfalls verkaufen, hat die Gettofilme des *New Black Cinema* zu bevorzugten Vehikeln der neuen Gewaltästhetik im amerikanischen Kino prädestiniert (Hoffstadt 1995: 149).

Durch die Darstellung des von Brutalität und Verbrechen gezeichneten Alltags der Gettos wurden alte weiße Ängste vor dem stereotypen schwarzen Gewaltverbrecher erneut geschürt. Auch die als kommerzielle Strategie geplanten Gastauftritte populärer Rap Stars erwiesen sich für einen vorurteilsfreien Umgang mit den Filmen als verhängnisvoll, wurden doch immer wieder Fälle publik, in denen Rapper in kriminelle Handlungen oder Gewaltverbrechen involviert waren. Die eindimensionale Darstellung der Gettogewalt sowie die monokausalen Erklärungsansätze, die *Boyz N the Hood* anbietet, tun ein Übriges, um alte Schemata der Dominanz gerechtfertigt erscheinen zu lassen:

> By displacing the socio-political issues surrounding black masculinity – issues that *Boyz N the Hood*, for one, is at pains to reveal – on to the panic-image of irrational black violence, the logic of white supremacy exchanges the complexities of contemporary US culture for the alternatively terrorizing and appealing phantasm of massive violence and death (Wiegman 1993: 182).

Die verkürzte Darstellung afroamerikanischer Männlichkeitsmythen, die sich in den Gettofilmen in der Präsentation von hypermaskulinen Kampf- und Gewaltszenarien verdeutlicht, kann schnell in eine Sackgasse führen. Stephan Hoffstadt stellt fest: "So geriet das *New Black Cinema*, das mit dem Anspruch verbunden war, das Kino für schwarze Perspektiven und Erfahrungen zu öffnen, verstärkt in jene Gefahr, der sich die gesamte schwarze Pop-Kultur ausgesetzt sieht, nämlich als Projektionsfläche für weiße Phantasien und Ängste zu dienen" (Hoffstadt 1995: 10).

Das von Hoffstadt beschriebene Risiko der Stereotypisierung und Dämonisierung der schwarzen Gettobevölkerung ist jedoch nicht die einzige Schwierigkeit, mit der sich das erfolgreiche Genre der Gettofilme konfrontiert sehen muss. Ebenso riskant ist die fast ausschließliche Konzentration auf männliche Protagonisten und Handlungsträger. Die Formulierung der Gettothematik zu Beginn der 90er Jahre schuf eine Plattform für die Diskussion schwarzer männlicher Identität: "But it is with the re-emergence of the ghetto in popular culture, and its prominence in a revived black nationalist cultural politics, that for better and worse the images of black masculinity find a discursive home" (Dyson 1992: 19). Das neue Bild der afroamerikanischen Männlichkeit wird in den Filmen des *New Black Cinema* jedoch auf Kosten einer weiblichen Perspektive konstruiert; die Zentralität männlicher Akteure lässt weibliche Figuren nur als Statisten und Nebenfiguren zu[23]. In diesem Zusammenhang ist Manthia Diawaras

[23] Diese Tendenz lässt sich z.B. an Filmen wie *Straight Out Of Brooklyn* (1991), *New Jack City* (1991) oder *Menace II Society* (1993) beobachten.

Beobachtung in Bezug auf Machtrelationen wichtig: "Space is related to power and powerlessness, in so far as those who occupy the centre of the screen are usually more powerful than those situated in the background or completely absent from the screen" (Diawara 1993a: 11). Die Diskussion um die Krise der Männlichkeit hat in den 90er Jahren auch die afroamerikanischen Filmemacher des *New Black Cinema* erreicht; jedoch scheinen sie derselben Gefahr zu erliegen, die die Väterfilme der 80er Jahre charakterisierte: Ein neues Bild der männlichen Geschlechtsidentität wird entworfen, das den Mann ins Zentrum der Aufmerksamkeit rückt, gleichzeitig jedoch die Frau an den Rand drängt.

Diese Tendenz zeigt sich besonders deutlich an der Inszenierung der Vaterfigur in *Boyz N the Hood*. Auch hier wird ein *pattern* des 80er Jahre Films reartikuliert: die sich bis zur Apotheose steigernde Huldigung des Vaters, der als Kompensation für die Unfähigkeit der Mutter fungiert. Schon zu Beginn des Films wird diese Konstellation deutlich. Reva, die berufstätige Mutter des 10-jährigen Tre, stellt fest, dass sie mit der Erziehung des Jungen überfordert und nicht in der Lage ist, ihn vor dem von Gewalt und Verbrechen gezeichneten Gettoalltag zu beschützen. Nachdem Tre in der Schule durch eine Prügelei aufgefallen ist, beschließt sie, ihn bei seinem Vater Furious abzuliefern, der von nun an die Verantwortung für das Kind übernehmen soll. Sie erklärt Tre: "Ich will doch nur nicht, dass du umgelegt wirst oder im Knast landest oder betrunken ein Leben lang vor diesen Schnapsläden 'rumtorkelst." Ihre Unfähigkeit in Bezug auf die Erziehung des Jungen gesteht sie auch dem Vater gegenüber ein: "Ich kann ihm nicht beibringen, wie man ein Mann wird. Das ist dein Job." Damit ist klar, welche Funktion dem Vater vornehmlich zukommt: Er soll das starke Vorbild und stabile Rollenmodell sein, das der Junge für seine Entwicklung braucht. Dieses eindimensionale Erklärungsmodell wird in dem Film durch weitere Figurenkonstellationen bestätigt. Tres Freunde, Rick und Doughboy, wachsen ohne Vater auf. Stattdessen wird der Zuschauer mit ihrer Mutter Brenda konfrontiert, einem "Zerrbild der *welfare mother*" (Hoffstadt 1995: 160). Der erste Eindruck, den man von Brenda erhält, wird auf der akustischen Ebene vermittelt. Tre hört ihre schrille Stimme, als er seine beiden Freunde zum Spielen abholen will: "Du bist 'n Scheißkerl, genau wie dein Daddy. Alles, was du machst, ist Scheiße und aus dir wird auch nur Scheiße, du fetter Wichser." Nach dieser vulgären Beschimpfung, die sich an ihren Sohn Doughboy richtet, wird der erste Eindruck durch die visuelle Ebene ergänzt: Ausgestattet mit Lockenwicklern, einem ausgeleierten T-Shirt und einer Zigarette im Mundwinkel erscheint Brenda an der Haustür. Im Folgenden fällt sie nicht nur durch ihre diskriminierende Mutterliebe auf – sie bevorzugt den älteren Sohn Rick und hat für Doughboy nur Schläge und Flüche übrig – , sie bestätigt zudem das stereotype Bild der Sozialhilfeempfängerin, die in chaotischen Verhältnissen lebt und mit der Erziehung ihrer Kinder heillos überfordert ist. Als Krönung der Darstellung verantwortungsloser Negativmütter wird schließlich eine junge drogenabhängige Mutter präsentiert, die nicht in der Lage ist, ihr Kleinkind zu beaufsichtigen. Als Tre das auf der Straße krabbelnde Baby davor rettet, von einem Auto überfahren zu werden, und es bei seiner Mutter abliefert, kann diese nur mit folgendem Kommentar reagieren: "Hast du 'n bisschen Koks? Ich blas' dir auch einen." Auch Tres Vater Furious bestätigt die Einschätzung, dass für die normale Entwicklung des Kindes und das Überleben im Getto die starke Identifikationsfigur eines Vaters unabdingbar ist: "Wahrscheinlich findest du mich viel zu streng, aber das bin ich nicht. Ich möchte nur, dass du lernst, Verantwortung zu übernehmen, verstehst du. Deine kleinen Freunde kennen das Wort nicht mal. Niemand bringt es ihnen bei, kein Mensch. Wo sie enden, ist abzusehen." Dass auch die Mutter der "kleinen Freunde" in der Lage sein könnte, ihnen Verantwortungsbewusstsein beizubringen, scheint für Furious keine reale Möglichkeit zu sein.

Die Narration des Films bestätigt diese Einschätzung, wenn sie im zweiten Teil des Films Tre und seine Freunde sieben Jahre später auf einer Party präsentiert: Doughboy hat gerade wieder einen Gefängnisaufenthalt hinter sich, Rick ist schon mit siebzehn Jahren Vater geworden und Chris sitzt infolge einer Schussverletzung im Rollstuhl. Die glänzende Ausnahme innerhalb dieses Panoramas sozialer Probleme bildet Tre. Schon äußerlich unterscheidet er sich durch seine gepflegte Kleidung von seinen Freunden; weiterhin lehnt er das ihm angebotene Bier ab und nähert sich dem anderen Geschlecht nicht mit den für seine Freunde charakteristischen Machoallüren, sondern vorsichtig und höflich. Inmitten einer desolaten, von Gewalt und Hoffnungslosigkeit geprägten Umwelt hat Tre genau das Stabilität und Halt gegeben, was seinen Freunden verwehrt wurde: männliche Autorität und väterliche Zuwendung.

Das einseitige Modell der binären Opposition, das der Mutter die Rolle der Versagerin zuweist und den Vater als Rettungsanker und Zukunftsmodell erscheinen lässt, bestätigt alte hierarchische Strukturen des Geschlechterverhältnisses: "The failure of motherhood and the championing of the black father characterize the oppositional and hierarchical logic of sexual difference that governs the film, providing the terms through which the contemporary crisis of black masculinity is both challenged and defined" (Wiegman 1993: 183). Die Frage nach Wegen aus der Krise, die Suche nach starken Vorbildern und Rollenmodellen, sind das zentrale Anliegen des Films: "Nothing comes through with more painful clarity – not the violence, the wasted talent, the dead-end dreams – than the yearning for that messianic figure, the Strong Black Male Role Model" (Doherty/Jones 1991: 18). Ein derartig zukunftsweisendes Modell wird in dem Film mit väterlicher Autorität konnotiert. Der Vater fungiert in diesem Zusammenhang nicht nur als Identifikationsfigur und stabiles Rollenmodell für die Heranwachsenden, er wird sogar als ideologischer Mentor präsentiert, dem die Aufgabe zukommt, soziale Missstände aufzudecken und die Gesellschaft von ihrer todbringenden Krankheit der Jugendkriminalität zu heilen:

> Furious is freed to become a mouthpiece for Singleton's several socio-political attacks. The lack of inner-city housing, the parlous state of education, the exploitative tendencies of college sport and its expedient recruitment techniques, the artificially abbreviated lives of black males, generational disputes, and even parenting itself fall within the domain of *Boyz N the Hood*'s African-American father (Farred 1995: 14).

Singletons sozialpolitische Kritik ist auf verschiedenen Ebenen nachweisbar und setzt gleich in der Anfangssequenz ein. Der Film beginnt im Jahr 1984 und zeigt den 10-jährigen Tre zusammen mit drei Freunden auf dem Weg zur Schule. Die mise-en-scène präsentiert eine Anhäufung von Müll. Herumfliegendes Papier, Essensreste, leere Flaschen, aufgetrocknete Blutlachen neben umgeworfenen Mülltonnen und aufgetürmte Abfallberge etablieren die zentrale Metapher des Films: "The central image and main theme is waste. Litter strewn alleys soaked in coagulated blood are backdrop for disposable humans, street trash amid street trash. As screen metaphor, as social reality, the wasted lives are nothing less than heartbreaking" (Doherty/Jones 1991: 16). Eine implizite Erklärung für die maroden Zustände des Viertels bleibt nicht aus. Die Kinder nähern sich einer Polizeiabsperrung und schließen aus der Blutlache innerhalb der Absperrung, dass es am Tag zuvor eine Schießerei gegeben haben muss. An der Wand über der Blutlache hängen mehrere Plakate, die Präsident

Ronald Reagan zeigen. In der nun folgenden Sequenz werden die Plakate mit schnellen, rhythmischen Schnitten jeweils im Close-up gezeigt, unterlegt mit Schussgeräuschen. Jetzt, wo die Plakate in Großaufnahme gezeigt werden, kann man erkennen, dass sie mit Einschusslöchern übersät sind. Deutlicher konnte Singleton seine Verachtung für die Reaganpolitik, die er für die schlechten Bedingungen der Großstadtgettos verantwortlich macht, nicht zeigen.

Die Politik der Reaganära war gekennzeichnet von Güterumverteilungen und Kürzungen von Sozialleistungen, die eine wachsende Lücke zwischen armen und reichen Bevölkerungsschichten bewirkten: "The decade of the 1980s was an unprecedented era of class warfare, with massive redistribution of wealth from working- and middle-class sectors to the rich, and an era of high fear of unemployment and downward mobility" (Kellner 1996: 217-218). Zu den immer schlechter werdenden ökonomischen Bedingungen trat der von Reagan eher tolerierte als energisch bekämpfte Rassenantagonismus hinzu: "In fact, during the 1980s the Reagan presidency signaled, by word and deed, that racism was acceptable [...] and there was a marked increase in general racial tension" (Quart/Auster 1991: 167). Die Schilderung des politisch-sozialen Milieus der 80er Jahre ist für die Aussage des Films insofern wichtig, als dass sie es Singleton ermöglicht, Hintergründe, Ursachen und Wirkungen aufzuzeigen. Der dramaturgische Aufbau des Films, die Aufteilung der Handlung in zwei Zeitebenen, zwischen denen sieben Jahre liegen, ist ein Kunstgriff, der bestimmte Entwicklungen und Wirkungszusammenhänge offenlegen kann, die durch die Präsentation eines zementierten Status Quo nicht sichtbar würden. Singletons linearer Erzählstil favorisiert die Verknüpfung von Einzelaspekten zu verdichtenden Erklärungsstrukturen: "Singleton integriert Milieuschilderungen und Handlung zu einer dichten Erzählung, in der die Szenen durch Kausalität, Antizipation, Parallelität oder Opposition aufeinander bezogen sind" (Hoffstadt 1995: 154-155). Zudem unterstreicht die Deckungsgleichheit der Erzählzeit und der moralischen Entwicklung des Protagonisten einen Effekt, der Singletons Realitätsanspruch zugute kommt: "The film produces an effect of realism by creating an overlap between the rite of passage into manhood and the narrative time of the story" (Diawara 1993: 20). Die Koinzidenz von zeitlicher und symbolisch-moralischer Entwicklung ist in ein klassisches Erzählmuster des Hollywoodkinos eingebettet. Es entwirft eine Struktur, nach der der Held auf dem Weg zu innerer und äußerer Reife vielfache Konflikte und Hindernisse

überwinden muss (vgl. Bordwell 1985: 157). Auch dieses Muster kann als ein Hinweis auf die Krise der afroamerikanischen Männlichkeit verstanden werden: "Typically, this type of storytelling adresses moments of crisis, and the need to build a better society" (Diawara 1993: 20).
Singletons Verdienst ist es, auf die spezifischen sozioökonomischen Probleme der Gettobewohner aufmerksam gemacht zu haben, die bislang in den Medien wenig Beachtung gefunden hatten. Zwar konnte in den 80er Jahren ein Trend der zunehmenden Darstellung von schwarzen Figuren in Film und Fernsehen festgestellt werden (vgl. Quart/Auster 1991: 164-166); die Thematisierung von sozioökonomischen Fragestellungen blieb jedoch aus. Gerade die Belange der unteren sozialen Klassen wurden, wie Venise T. Berry am Beispiel der TV-Serie *The Cosby Show* verdeutlicht, vernachlässigt: "While it may be true that *The Cosby Show* is presenting new definitions of black manhood and the black family, the failure of the show to address class status differences may be affecting the show's ability to actually deliver those images to the lower-class audience" (Berry 1992: 119). Dass jedoch gerade die ökonomischen Bedingungen im Zusammenhang mit ethnischen Kategorien von zentraler Bedeutung sind, betonen Mosley und Thomson: "Because black families are much more likely to face economic difficulties than whites, it is difficult to disentangle influences of economic disadvantage from the stress of minority group status" (Mosley/Thomson 1995: 152). Diese Lücke wusste Singleton mit seiner eindringlich realistischen Darstellung des Gettoalltags zu schließen, die sich in vielen Details bemerkbar macht. So ist z. B. die Vermittlung der bedrohlichen Atmosphäre auf der akustischen Ebene besonders gelungen: Ständig patrouillierende Polizeihubschrauber, Streifenwagensirenen, Streitereien in der Nachbarschaft, splitternde Bierflaschen, dumpfes Autohupen, quietschende Reifen und laute Schüsse verdichten den bedrohlichen Grundton des Gettos mit einer Nachdrücklichkeit, die an den Nerven zerrt. Auf diese Weise steigert sich das Soundarrangement des Films zu einer fast unerträglichen Konkretheit. Auch die Motive, die den Film visuell charakterisieren, sind durch ihren Bezug zum Alltag wichtige Elemente für Singletons nüchternen Realismus, der den Anspruch verfolgt, die Lebensbedingungen der schwarzen Gettobevölkerung authentisch darzustellen.
Jedoch erliegt der Film durch seine einseitige Konzentration auf die männliche schwarze Perspektive ständig der Gefahr der Selbstmarginalisierung. Das Risiko,

durch einseitige Betrachtungen und Darstellungen von benachteiligten Gruppen fortwährend in einem Außenseiterstatus verhaftet zu bleiben, beschreibt Richard Dyer: "Looking, with such passion and single-mindedness, at non-dominant groups has had the effect of reproducing the sense of oddness, differentness, exceptionality of these groups, the feeling that they are departures from the norm" (Dyer 1993: 141). Neben den schwarzen Protagonisten tauchen nur drei weiße Randfiguren auf: Tres Lehrerin, ein Polizist und der Aufsichtsführende des Eignungstests für das College. Alle drei sind in stereotyper Weise konstruiert: Sie sind namenlos und subtil rassistisch gezeichnet. In dieser Auswahl zeigt sich die weiße Welt als feindselige Mauer, die einen unversöhnlichen Blick auf die Verhältnisse eröffnet. Auch Singletons Verharren in den geographischen und ideologischen Grenzen des Gettos trägt zu dieser Perspektive bei. Starr bleibt das Sichtfeld der Kamera auf das klar definierte Territorium des Gettos beschränkt, ohne den Blick auf andere Lebensbereiche zu eröffnen. In Singletons Szenario werden die Grenzen des schwarzen Lebensbereichs von der Polizei überwacht; eine hermetische Abriegelung, die vor allem dem Schutz der weißen Stadtbevölkerung vor schwarzer Gewalt und Kriminalität dienen soll. Auch diese Darstellung trägt dazu bei, alte Strukturen der Dominanz zu bestätigen: "The police play a major part in enforcing boundaries between separate hoods [...] all of which points to the means by which boundaries can be used to maintain interracial antagonism" (Massood 1996: 93).

Die narrative Auflösung des Films bestätigt die rigiden Grenzziehungen: Tre gelingt es, durch das Verlassen des Gettos einer vielversprechenden Zukunft entgegenzugehen – er hat sich für das College qualifiziert – , während Doughboy im Getto zurückbleibt und wie sein Bruder Rick erschossen wird. Der Film formuliert somit eine Botschaft der resignierenden Akzeptanz: Eine Änderung der maroden Zustände der Großstadtgettos ist nicht in Sicht; die einzige Lösung, dem angespannten sozialen Klima zu entkommen, bleibt die Flucht. Dass eine derartig kurzsichtige Aussage mehr dazu beiträgt, Vorurteile zu bestätigen als ein neues soziales Bewusstsein im Publikum zu wecken, betont Kenneth Chan:

> This message to leave the hood reinforces the conservatives' one-sided picture of personal responsibility and choice, conceals the racist underpinnings of spatial containment, and deflects attention from the need of governmental and social agencies to financially and logistically support

> and assist black inner-city districts in urban renewal and social healing. It fails to raise social and racial consciousness in the audience but rather leaves them with consciences salved and a renewed sense of justification in their politically provincial beliefs (Chan 1998: 46).

Der Film transportiert eine Ideologie, die das soziale Wohlergehen und den Fortschritt der schwarzen Gettobevölkerung vor allem in Abhängigkeit zu ihrem eigenen Verhalten sieht. Dies zeigt sich insbesondere durch die kontrastive Darstellung des Protagonisten Tre, der von seinem Vater lernt, die individuelle moralische Verantwortung des Einzelnen zu seiner Lebensmaxime zu machen, und der Präsentation seiner Freunde, die im Sumpf von Gewalt und Verbrechen untergehen. Diese Art der Gegenüberstellung birgt die Gefahr der einseitigen Kategorisierung: "An overemphasis on personal responsibility and individual psychopatholgy will simply reinforce the Manichaean dualism of the 'good' and 'bad' nigger" (Chan 1998: 42). Der Film ist nicht in der Lage, ein Zusammengehörigkeitsgefühl oder eine bestimmte Auffassung der Gemeinschaft unter den Gettobewohnern zu vermitteln. Dies wird nicht nur durch die gegensätzliche Darstellung von Tre und seinen Freunden verhindert, sondern auch und vor allem durch den misogynen Grundton des Films bestätigt: "The negative portrayal of women in *Boyz N the Hood* is inconsistent with any claim to advocate social change that is grounded on a notion of community" (Lott 1998: 220). Frauen fungieren in *Boyz N the Hood* nur als Katalysatoren der Katastrophe. Ob karrierebewusste ambitionierte Yuppiefrau (Tres Mutter), ob schlampige Sozialhilfeempfängerin (Ricks and Doughboys Mutter), ob überforderte Teenagermutter (Ricks Freundin), rassistische Lehrerin oder drogenabhängige Prostituierte – sie alle werden beschränkt auf negativ gezeichnete Stereotypen, die der Entwicklung männlicher Stabilität eher im Wege stehen als förderlich sind. Diese verkürzte Darstellung, die die Frau als Negativschablone abzeichnet und allein dem männlichen Rollenmodell erzieherisches Wirkungspotential zuschreibt, ist sicherlich einer der schwächsten Punkte des Films. Zudem übersieht eine derartige Ideologie, dass sich die Frage der männlichen Geschlechtsidentität, die im Zentrum des Films steht, nur in Relation zum weiblichen Geschlecht begreifen lässt: "It is an indisputable truth that black men are needed in the community as parents, role models and leaders, but if this point can be made only by negating the contributions of black women, then it betrays its original logic" (Doherty/Jones 1991: 17).

V.2.2.2 *Jungle Fever* (Spike Lee, 1991)

Untrennbar verbunden mit der Entwicklung des *New Black Cinema* ist der Regisseur Spike Lee, der mit einer bestimmten ökonomischen Strategie den Zugang zum finanziellen und infrastrukturellen Potential Hollywoods eröffnete: "Es gelang ihm, sich nicht nur als *auteur*, sondern als Produzent seiner eigenen Filme zu etablieren und damit den Inhalt und die Gestalt seiner Filme besser gegen den störenden Einfluss der Geldgeber zu verteidigen als je ein anderer schwarzer Regisseur vor ihm" (Hoffstadt 1995:78). Neben dieser Neudefinition der Produktionsbedingungen afroamerikanischer Filmkunst schuf Lee auch neue Standards, was die Themen und die visuelle Sprache seiner Filme betrifft. Rainer Braun betont, dass "Spike Lee nach wie vor zu jenen Regisseuren zählt, der sich ernsthaft an brisanten Themen wie den komplexen Widersprüchen von Rassen/Klassen/Geschlechtern/Religion versucht" (Braun 1991: 31). Im Gegensatz zu vielen seiner Kollegen wie z. B. John Singleton beschränkt sich Spike Lee nicht auf die Präsentation einer spezifisch schwarzen Kultur und Ästhetik, sondern versucht, alte Strukturen der Dominanz in seine Darstellung miteinzubeziehen und somit ein heterogeneres Bild der amerikanischen Gegenwartsgesellschaft zu entwerfen. Seine Filme "sind eingebettet in das kulturelle Minenfeld von Rassismus und Unterdrückung, in den zeitgenössischen Kulturkampf um die Verschiebung der kulturellen Hegemonie von den alten weißen Eliten hin zu größerer Pluralität" (Hoffstadt 1995: 78).

Von diesem Umstand zeugt Lees fünfter Spielfilm *Jungle Fever*, der sich einer Thematik annimmt, die eines der letzten Tabus des Hollywoodkinos attackiert: die Liebe zwischen Schwarz und Weiß. Die Darstellung von Sexualität über die Rassengrenzen hinweg war für das klassische Hollywoodkino seit seinen Anfängen ein Problem. Sie wurde entweder dämonisiert wie in D.W. Griffiths *Birth Of A Nation* (1915), öffentlich verdammt und als nicht wünschenswert abgelehnt wie in den Richtlinien des 1922 gegründeten Hays Office, das durch seine "Production Codes" eine Art der Filmzensur etablierte, oder weitgehend sublimiert und verharmlost wie in Stanley Kramers *Guess Who's Coming To Dinner* (1967), in dem das Thema einer gemischtrassigen Ehe zwar berührt wird, die Liebe der beiden Protagonisten jedoch bis auf einen flüchtigen Kuss körperlos bleibt. Diese Tendenz der separatistisch kodierten Ikonographie hat die Produktionsbedingungen des Hollywoodkinos bis heute bestimmt: "The taboo against miscegenation, whether explicitly articulated as in the original Hays Office Code or more implicitly just understood and practiced, has remained in force over the long continuum of dominant cinema's reign up to the present" (Guerrero 1993a: 173).

Mit der provozierend freizügigen Inszenierung einer gemischtrassigen Liebesbeziehung betritt Spike Lee filmisches Neuland: "Lee's inclination for depicting the erotic has produced perhaps the most frank, seductive rendering of interracial black-on-white sex on the Hollywood screen to date" (Guerrero 1993a: 177). Jedoch wird die interrassische Liebesgeschichte nicht als von Harmonie geprägte Idylle, sondern von Anfang an als katastrophale Bedrohung inszeniert. Flipper Purify (Wesley Snipes), ein junger, talentierter Architekt, lebt mit seiner Frau Drew und seiner siebenjährigen Tochter Ming in Striver's Row, einer kleinen Mittelklassenenklave inmitten Harlems. Die Anfangssequenz des Films zeichnet ein von Harmonie und Glück bestimmtes Bild des morgendlichen Alltags einer schwarzen Mittelschichtfamilie. Die Kamera gibt den Blick frei in das Schlafzimmer des Ehepaares Purify, wo Flipper und Drew sich leidenschaftlich lieben. Die nächste Einstellung zeigt Flipper, wie er seine Tochter Ming zärtlich weckt, auf den Arm nimmt und durchs Zimmer trägt. Anschließend frühstückt die Familie gemeinsam, und Flipper bringt seine Tochter, die er liebevoll "Mingelinglingling" nennt, zur Schule. Mit der Inszenierung einer glücklichen Familie der schwarzen Bourgeoisie weicht Lee deutlich von den gängigen Präsentationen defekter Gettofamilien ab: "Das afroamerikanische Milieu, das die Zentralperspektive der Erzählung konstituiert, ist im amerikanischen Film bis dato nahezu unsichtbar gewesen: die schwarze Mittelklasse" (Hoffstadt 1995: 123). Auch die Darstellung des liebevollen, fürsorglichen Familienvaters entspricht nicht den weitverbreiteten stereotypen Vorstellungen der von Machismo und Verantwortungslosigkeit gezeichneten afroamerikanischen Männlichkeit: "Public perceptions of black fathers in general tend to be more negative than those of white fathers. Everyday observation suggests that many whites stereotypically perceive black fathers as inner-city, hypermasculine males who are financially irresponsible and uninvolved in their children's lives" (Marsiglio 1995b: 4-5). Die Präsentation Flippers in den ersten Einstellungen des Films ist den von Marsiglio beschriebenen Vorurteilen diametral entgegengesetzt: Flipper ist ein finanziell unabhängiger Vater, der großen Anteil am

Leben seiner Tochter zu nehmen scheint. Dies zeigt sich besonders an der Inszenierung des familiären Morgenrituals, das Flipper eher weiblich konnotierte Aktionsräume zuweist: Er ist es, der die Tochter wachküsst und anzieht und auch er ist es, der sie zur Schule bringt. Statt eines Aktenkoffers ergreift Flipper Purify allmorgendlich die Schultasche und Butterbrotdose seiner Tochter.

Doch das Bild der modernen bürgerlichen Familienidylle ist brüchig. An seinem Arbeitsplatz beginnt Flipper eine Affäre mit Angela Tucci (Annabella Sciorra), seiner italoamerikanischen Sekretärin. Nach einigen kurzen Sequenzen, die Flipper und Angie während gemeinsamer Überstunden im Büro zeigen, kommt es zum spontanen Sex auf Flippers Zeichentisch. Sowohl die dramaturgische Konstruktion der Liebesbeziehung, die den beiden Partnern kaum Zeit zum Kennenlernen zugesteht, als auch die vorherige Präsentation des Familienglücks tragen zu dem Eindruck bei, dass weder die große Liebe noch die Unzufriedenheit mit seiner Ehe Flipper in die Arme einer weißen Frau treiben. Vielmehr sind es der Reiz des Exotischen und die Eroberung des Unbekannten, die eine unwiderstehliche Anziehungskraft auf ihn ausüben, wie Henry Louis Gates feststellt: "Flipper's and Angie's love-scene is graphically rendered, the most passionate interracial sex scene that I can recall [...] Their tentative, then energetic exploration of each other's bodies reads like the detailed and innocent charting by two explorers of a foreign and strangely exotic continent" (Gates 1991: 167).

Dass die Faszination des Anderen auch bedrohliche Gefahren in sich birgt, wird durch den Titel *Jungle Fever* indiziert. Er weist nicht nur auf das mit der sexuellen Lust verbundene Motiv der körperlichen Hitze hin, sondern verbindet es metaphorisch mit dem Bild der Krankheit. Zudem schwingen im Titel Anklänge an koloniale rassistische Vorstellungen mit: "It echoes a racist mythology of orgiastic pleasure and bacchanalian excess, which formed the rhetoric of British imperialism in its incursion into the 'Heart of Darkness'" (Hearn/Melechi 1992: 226). Lola Young erläutert in ihrer Untersuchung *Fear of the Dark*, wie bestimmte historische Diskurse und koloniale Fantasien zur Pathologisierung gemischtrassischer Beziehungen führten:

> By the end of the eighteenth century, black people were frequently characterized as representing sexual deviancy; furthermore, theories of natural selection were appropriated and used to validate the belief that

> the superior white group would be detrimentally transformed by mixing with other 'inferior' groups, particularly black people (Young 1996: 46).

Die Angst vor der Mischung ethnischer Gruppen und die Verdammung interrassischer Sexualbeziehungen gilt traditionell als ein Schlüsselmoment innerhalb rassistischer Rhetoriken. Irrationale Ängste vor 'primitiven' Völkern, denen man eine ausschweifende Sexualität unterstellte, untermauerten eine Form der Propaganda, die die Phobie gegenüber dem Fremden vor allem sexuell konnotierte: "The 'primitive' had long been associated with uninhibited sexuality and promiscuity and belief in these alleged characteristics combined with fears about interracial mixing and served to make the major cause of anxiety about black people a sexual one" (Young 1996: 48). Diese essentialistische Tendenz, die die schwarze Sexualität als abnorme Perversion darstellt, fand auch in der Filmgeschichte ihren Niederschlag und zeigte sich in "various mechanisms used by both black and white male filmmakers to deny the human dimensions of black sexuality" (Lott 1998: 222). Auf den Zusammenhang zwischen interkulturellem Begehren und filmischen Blickstrukturen, der durch die Verflechtungen von sexuellen und ethnischen Differenzen strukturiert wird, weist E. Ann Kaplan in ihrer Untersuchung *Looking for the Other* hin: "The fascination with looking has to do with the historical prohibition in western cultures of cross-racial looking: this prohibition has to do with western culture's prohibition of cross-racial sex" (Kaplan 1997: xix). Kaplan geht davon aus, dass das klassische Kino bis heute von patriarchalen und kolonialen Formen der Dominanz geprägt wird: Der männliche und der imperialistische Blick sind untrennbar miteinander verbunden. Diese spezifische Struktur hat, so Kaplan, eine offene und progressive Präsentation interkultureller Beziehungen bis heute verhindert.

Spike Lee durchbricht mit seiner neuen Darstellung der interrassischen Sexualität das traditionelle Bilderverbot. Zwar deutet die narrative Auflösung des Films eher auf eine separatistische Sicht hin – Flipper und Angie trennen sich und kehren zu ihren Familien zurück –, die mise-en-scène der Verführungssequenz betont jedoch den unwiderstehlichen Reiz, der vom Anderen ausgeht. Die Hitze und Leidenschaft des "Dschungelfiebers" steht im deutlichen Kontrast zu der alltäglichen Eheroutine des Familienvaters, wie Ed Guerrero betont:

> Lee's black male/white female sexual panoramas – Flipper and Angie locked in spontaneous coitus on a drafting table at the office, their continual close-up kisses throughout the film, and their working through a variety of erotic positions in their bare apartment – stand in tempting contrast to the routine, missionary position, lovemaking scenes between Flipper and his wife that open and close the film (Guerrero 1993a: 177).

Lees Fetischisierung des interrassischen Sex zeigt sich besonders deutlich an den visuellen Strategien der Verführungssequenz. Sieben der insgesamt 19 Einstellungen präsentieren leidenschaftliche Küsse in Großaufnahme, sowohl die erste als auch die letzte der Einstellungen zeigen schweißbedeckte, aneinandergeschmiegte schwarze und weiße Haut. Die Sequenz ist deutlich schneller geschnitten als die beiden Sequenzen, die die Liebesakte zwischen Flipper und seiner Ehefrau zeigen, wobei sich der Rhythmus der Schnittfrequenz synchron mit den körperlichen Bewegungen des Liebespaares steigert. Während man in den Liebesszenen zwischen Flipper und seiner Frau Drew fast nur ihre Gesichter sieht und die beiden Körper größtenteils durch die Bettwäsche verdeckt sind, werden in der Sexszene zwischen Flipper und Angie Körperteile bewusst stilisiert und fetischisiert, wie z. B. in einer Einstellung, in der das Bild fast vollständig von Angies Beinen ausgefüllt wird, die sich um Flippers Hüften winden. Die visuelle Inszenierung der gemischtrassischen Liebesbeziehung steht somit laut Ed Guerrero in deutlichem Kontrast zur narrativen Ebene des Films: "Lee's enticing depiction of black/white sex and affection between Flipper and Angie visually undercuts the argument and outcome of the film's separatist narrative. In a subtle, ironic manner, then, Lee is perhaps spreading the 'Fever' that he wishes to critique if not cure" (Guerrero 1993a: 178).

Hier übersieht Guerrero jedoch, dass gerade die Konzentration auf das sexuelle Moment dazu beiträgt, die kulturelle Segmentierung zu verfestigen. Ernsthafte Annäherung, wahre Liebe gibt es nicht zwischen Schwarz und Weiß: Inmitten einer von Vorurteilen und Rassismus geprägten Umwelt existiert nur das sexuelle Abenteuer als kurzfristige Klammer. Spike Lee instrumentalisiert die Liebesgeschichte zwischen Flipper und Angie, er entindividualisiert sie und macht sie zum Vehikel eines politischen Diskurses: "The social matrix takes precedence over intimate romance, making the sexual affair a localized social disaster and not a personal event" (Saltman 1992: 38). Zudem zeichnet sich die separatistische Blickrichtung Spike Lees keinesfalls nur an der narrativen Aussage des Films ab, wie Ed Guerrero betont, sondern manifestiert sich auch in einer Reihe von visuellen Details. Der ideologische Rahmen des Films wird von Anfang an unverhohlen präsentiert. Der Vorspann zeigt eine Aneinanderreihung von Straßen- und Verkehrsschildern, die die Namen der Schauspieler tragen. Während unter dem Wesley Snipes-Schild ein kleineres Schild mit der Aufschrift "Harlem" und einem Pfeil, der nach links deutet, angebracht ist, wird Annabella Sciorras Schild mit einem Schild "Bensonhurst" sowie einem Pfeil, der nach rechts deutet, kombiniert. Schon diese Präsentation der Credits deutet auf klare Grenzziehungen, auf deutlich markierte Territorien hin, die einander diametral entgegengesetzt sind. Dieser Eindruck wird durch ironische Zitate des rassistischen Diskurses bestätigt, wenn ein Durchfahrtsverbotsschild gezeigt wird, in dessen Zentrum das Wort "Nigger" erscheint und das Namensschild von Anthony Quinn mit dem Hinweis "Parking for Italiens only" untertitelt ist. Weiterhin präsentiert Spike Lee sein eigenes Schild mit dem "One Way"-Symbol und kombiniert es mit einem Straßenschild, das auf den "Malcolm X Boulevard" hinweist. Schließlich erscheint der Titel des Films auf einem "No Way"-Schild und, als wäre dies nicht schon deutlich genug, zusammen mit einer flackernden roten Baustellenleuchte. Weiterhin untermauern besonders die Beleuchtungsstrategien die Aussage der Unvereinbarkeit ethnischer Gruppierungen. Während Angies helle Hautfarbe durch die grelle Lichtführung aufs deutlichste betont wird, umgeben Flipper häufig schwarze Schatten, die seine dunkle Haut buchstäblich schwarz erscheinen lassen. Besonders eindrucksvoll wird der Kontrast der beiden in einer Einstellung präsentiert, die Flipper und Angie in ihrem Apartment zeigt. Stumm sitzen sie auf einem Bett und schauen in entgegengesetzte Richtungen. Der Hintergrund, eine kahle Wand, wird durch die Beleuchtung in zwei Hälften getrennt: Der Teil, vor dem Flipper sitzt, ist ausgeleuchtet, während das Wandstück, das Angies Hintergrund darstellt, von einem Schatten durchzogen ist, so dass der erste Kontrast (Flipper/Angie) mit einem zweiten, internen Kontrast (der nur teilweise beleuchtete Wand) kombiniert wird. Diese Aufteilung, die an ein Yin/Yang-Symbol erinnert, betont die Polarität der Beziehung: die Grenzen sind klar definiert, differenzierende Grautöne werden nicht zugelassen.

Paradoxerweise ist es Flipper selbst, der sich deutlich gegen alle Fragen der Rassenmischung ausspricht und sich einer Ideologie anschließt, die von einer biologisch reinen Essenz des Schwarzen ausgeht, die durch die Verbindung mit anderen ethnischen Gruppen beschädigt werden könnte. So antwortet er auf Angies Frage, ob sie Kinder haben könnten, mit einem klaren "Nein" und fügt hinzu, dass er sich ein "Mulattenbaby" nicht vorstellen könne. Dieser Standpunkt muss erstaunen, wenn man bedenkt, dass Flipper mit einer Frau verheiratet ist, deren Vater ein Weißer und deren Mutter eine Schwarze ist. Im Grunde müsste Flipper nur seine Frau und seine Tochter, die er ein "Viertelblut" nennt, anschauen, um herauszufinden, wie abwegig die Vorstellung einer ethnischen Homogenität ist, die es zu erhalten gelte. Obwohl Flippers eigenes Verhalten der beste Indikator für seine ideologische Verblendung sein könnte, ist er nicht in der Lage, zu erkennen, dass es sich bei ethnischen Kategorien nicht um geschlossene Systeme handelt, sondern dass die von ihm angenommene Homogenität selbst ein Konstrukt ist: "'Race', as we know and live it, is an ever-shifting set of *socially constructed* [sic] meanings forged out of political struggle" (Guerrero 1993a: 176).

Durch seine Affäre mit einer weißen Frau überschreitet Flipper mehrere Grenzen: Er betrügt nicht nur seine Ehefrau, sondern erweist sich auch als Familienvater unfähig. Dies zeigt sich deutlich an der letzten Sequenz des Films, die dramaturgisch ähnlich aufgebaut ist wie die Anfangssequenz. Wieder schwenkt die Kamera nach oben und fokussiert das Schlafzimmer von Flipper und seiner Frau Drew, die miteinander schlafen. Doch es ist nicht das leidenschaftliche Liebesspiel der Anfangssequenz, das der Zuschauer zu sehen bekommt. Zwar liegen sich Flipper und Drew zum Schluss in den Armen, Drew weint jedoch. Im Gegensatz zur Anfangssequenz, die die morgendliche Szenerie in ein orange-rotes Licht tauchte, erscheint das Zimmer nun bläulich beleuchtet: ein Indiz dafür, dass Flippers Affäre nicht ohne Folgen geblieben ist und eine Metapher für die Gefühlskälte, die die Beziehung der beiden von nun an bestimmt. Anschließend verlässt Flipper das Haus, ohne seine Tochter Ming zur Schule zu bringen: das Alltagsritual hat einen Bruch erfahren. Auf seinem Weg durch die Straßen von Harlem läuft ihm eine junge Drogenabhängige in die Arme: "Hey, Daddy, ich lutsch dir den dicken schwarzen Schwanz für 2 Dollar." In der letzten Einstellung zoomt die Kamera schnell auf Flippers gen Himmel gerichtetes Gesicht und sein langgezogener Schrei "Nooo!" verhallt im Abspann. Nach Cory Silverberg zeigt sich in dieser Sequenz ein Bezug zu Spike Lees Besorgnis über die Zukunft der jüngsten afroamerikanischen Generation: "The concern about future generations culminates in the final scene with Flipper desperately hugging a young girl [...]. This youngest generation is not really developed and has a large question mark looming over it. Lee is obviously worried about what the future holds for black children in America" (Silverberg 1996: 70). Auch Verena Lueken deutet die letzte Einstellung des Films als eine allgemeine soziopolitische Aussage Lees: "*Jungle Fever* endet mit einem Schrei – gegen Jahrhunderte währendes Unrecht, die andauernde Unterdrükkung, das tägliche Unglück in den Straßen New Yorks, die Drogen, die ganze Generationen auslöschen, die Unmöglichkeit, all dem etwas anderes entgegenzusetzen als Trauer" (Lueken 1991: 34). Doch in Flippers Aufschrei steckt mehr als die Frustration über die schlechten Bedingungen der afroamerikanischen Bevölkerung Amerikas. Die Anrede des drogensüchtigen Mädchens ("Daddy") sowie der Eindruck, dass sie nur wenige Jahre älter als Ming sein könnte, schaffen einen deutlichen Bezug zu Flippers Rolle als Familienvater. Sein Schrei scheint vielmehr das Entsetzen über sein persönliches Versagen als das resignierende Bedauern über sozioökonomische Missstände auszudrücken. Dadurch, dass Flipper zum Schluss des Films nicht zusammen mit seiner Tochter auf dem Schulweg, sondern zusammen mit einer jungen drogensüchtigen Prostituierten in einer heruntergekommenen Gegend Harlems präsentiert wird, zeigt Spike Lee deutlich, dass er keine glückliche Zukunft für die Familie voraussieht. Die anfänglich dargestellte Idylle ist zerstört und muss einem bedrohlichen Katastrophenszenario weichen[24].

Michele Wallace findet eine einfache Erklärung für die Zerstörung des Familienglücks: "What this film is really about is the threat of a female or aberrant sexuality to traditional family values" (Wallace 1992: 127). Doch Spike Lee geht bei seiner Demontage einer schwarzen Bilderbuchfamilie behutsamer vor. Er verliert sich nicht in monokausalen Erklärungsansätzen, die die weibliche Sexualität als Bedrohung für die männliche Identität im Allgemeinen und für die Familie im Besonderen voraussetzen. Dies wird deutlich durch die Darstellung von verschiedenen Generationen, die neben Flipper drei weitere Vaterfiguren präsentieren: Angies Vater und Paulies Va-

[24] Die Dekonstruktion der Bilderbuchfamilie sowie die Demontage eines vorbildlichen Heldenvaters stellt eine filmische Tendenz der 90er Jahre dar, die sich an aktuellen Beispielen wie *American Beauty* (1999) oder *Magnolia* (1999) nachweisen lässt. Beide Filme stellen Väter vor, die nicht als Idole oder nachahmenswerte Rollenmodelle, sondern als unangefochtene Verlierer präsentiert werden. Während *Magnolia* drei Väter zeigt, die durch die Konfrontation mit ihren Kindern ihr eigenes Versagen leidvoll erfahren, wird in *American Beauty* das Unvermögen des Vaters insofern kompensiert, als dass der Protagonist als zentrale Identifikationsfigur inszeniert wird, die die Sympathie des Publikums nie verliert. Dies zeigt sich insbesondere durch das wiederholt eingesetzte Stilmittel des Voice-Over, das die Hauptfigur nicht als bemitleidenswerte Witzfigur, sondern als überlegenen Kommentator erscheinen lässt.

ter, beide italienischstämmige Patriarchen aus Bensonhurst, sowie Flippers Vater, den Baptistenpfarrer aus Harlem. Alle drei Vaterfiguren werden als unsympathische Despoten dargestellt, deren Einsamkeit und Verbitterung sich durch autoritäre Posen und liebloses Verhalten ihren Kindern gegenüber bemerkbar machen. Flippers separatistische Weltsicht beispielsweise wird nicht isoliert und unvermittelt in die Filmhandlung eingeführt, sondern findet in seinem Vater, dem Good Reverend Doctor, eine Vorgeschichte. Mr. Purify[25] senior ist ein religiöser Fanatiker, der den größten Teil seiner Zeit damit verbringt, Gospels zu hören und die Bibel nach Stellen abzusuchen, die sich auf die "Sünden des Fleisches" beziehen. Während eines gemeinsamen Abendessens mit seiner Frau, Flipper und Angie zitiert er alte Überlieferungen, nach denen die schwarze Rasse durch sexuelle Beziehungen mit Weißen besudelt worden sei: "Und so wurde unser Blut verwässert: Halbblut, Viertelblut, Achtelblut." Mit einem vernichtenden Blick auf Flipper und Angie verlässt er schließlich den Tisch und erklärt seinem Sohn: "Ich esse nicht mit Hurenböcken". Hier zeigt sich, dass das Vater-Sohn-Verhältnis zwischen Flipper und dem Good Reverend Doctor nicht durch Herzlichkeit und emotionale Zuwendung geprägt ist, sondern durch Formen der Dominanz, die für beide Seiten schmerzhaft sind. Für Scott Coltrane liefert diese Art der Beziehung eine Erklärung dafür, dass viele Väter der 90er Jahre sich von alten Väterbildern abwenden und die in der Kindheit erfahrene Verunsicherung durch die aktive Beteiligung an der Kindererziehung zu kompensieren versuchen: "Many new fathers will be motivated to compensate for a perceived lack of emotional connection with their own fathers and an increasing number will seek personal growth and fulfillment from fathering activities" (Coltrane 1995: 267). Jedoch gelingt es Flipper nicht, seine Vaterrolle gemäß diesen Idealvorstellungen auszufüllen, denn das anfängliche Familienidyll endet in einer Katastrophe. Michele Wallace erklärt Flippers Versagen als guter Vater mit der Präsentation der negativen Vaterfigur des Good Reverend Doctor, der ihrer Meinung nach den symbolischen Tod des Patriarchats repräsentiere. Dies zeigt sich besonders deutlich an der Inszenierung des Todes von Flippers Bruder Gator, der von seinem eigenen Vater ermordet wird: "When Reverend Purify murders Gator in a veritable Oedipalfest, the patriarchy is the loser. His killing of Gator only

[25] Der Name "Purify", den Flipper von seinem Vater geerbt hat, bedeutet wörtlich: "reinigen". In diesem Namen, der wie eine Chiffre für die Weltsicht des Good Reverend Doctor gelesen werden kann, schwingen bereits Anklänge an eine essentialistische Ideologie mit, die die angenommene Reinheit der schwarzen Rasse vor schädlichen Einflüssen zu schützen versucht.

serves to confirm the symbolic death of the father in African-American discourse" (Wallace 1992: 130).

Doch die Faktoren, die sowohl Flippers Verunsicherung in Bezug auf seine Männlichkeit als auch seine Identitätskrise in Bezug auf seine ethnischen Zugehörigkeit strukturieren, können nicht auf den familiären Bezugsrahmen beschränkt werden: Sie sind komplexer angelegt. Es sind nicht die Zwänge des Patriarchats, die autoritäre Väter hervorbringen und ödipale Desaster verursachen, die zu Flippers Krise der Männlichkeit führen. Vielmehr zeigt sich in Spike Lees Film, dass auch andere Formen der kulturellen Dominanz für die Identitätsfindung entscheidend sind: "*Jungle Fever* macht deutlich, wie stark die Begegnung zwischen Schwarz und Weiß immer noch von den Jahrhunderten der Ausbeutung, fadenscheinigen Mythologemen und pseudowissenschaftlichen Vorurteilen überdeterminiert ist" (Hoffstadt 1995: 133). Vor der Kontinuität rassistischer Macht- und Denkstrukturen ist auch Flippers scheinbar heile Familienwelt nicht gefeit. Flipper selbst ist gefangen in einem Spannungsfeld, das durch zwei Pole strukturiert wird: die Welt der *black community*, in der sein Familienleben stattfindet, und die von Weißen dominierte Berufswelt, die die ökonomische Basis seines Lebens bildet. Flippers wiederholt geäußerte Behauptungen einer homogenen ethnischen Essenz sowie sein schwarzer Nationalstolz stehen im krassen Gegensatz zu seinen beruflichen Ambitionen: "The neocolonial black male is reenvisioned to produce a new stereotype: he works hard to be rewarded by the great white father within the existing system" (Hooks 1996: 88). Für Stephan Hoffstadt ist diese Konstellation "das neben der Liebesgeschichte eigentliche Thema des Films: die Behauptung schwarzer Identität zwischen Anpassung an eine von Weißen definierte professionelle Welt einerseits und einer schwarzen Gruppenidentität andererseits" (Hoffstadt 1995: 128). Flippers Verunsicherung, die Krise seiner männlichen Identität, die auch sein Versagen als Vater beeinflusst, zeigt sich in der Disparatheit zweier unterschiedlicher Wirkungsfelder: einer ökonomisch determinierten kulturellen Assimilation einerseits und einer essentialistischen und puristischen Ideologie andererseits. Die Präsentation dieses Spannungsfeldes ist ein besonderes Verdienst Spike Lees, fehlte doch dieser Aspekt in konventionellen Porträts von Schwarzen im Hollywoodkino fast immer. Traditionell wurde die schwarze Identität als monolithische Größe, als eine in sich geschlossenen Einheit dargestellt. Spike Lee gelingt es, die Statik dieser Repräsentation aufzubrechen und die Ambivalenzen im Zusammenspiel von kulturellen, sexuellen und ethnischen Kategorien aufzudecken.

V.2.3 *No-body is perfect*: Zum Zusammenspiel von Männlichkeit und *Sex* und *Gender*

Eine Grunderkenntnis der *Gender*-Forschung, auf die sich sowohl die Frauen- als auch die Männerforschung seit ihren Anfängen stützt, besteht in der Aufteilung des Begriffs "Geschlecht" in ein biologisches (*Sex*) und ein soziokulturelles (*Gender*) Geschlecht, die es ermöglicht, die Entstehung von Geschlechterrollen als einen historisch-kulturellen Prozess zu begreifen. Gegen diesen Ansatz wurde in den letzten Jahren vielfach Einspruch erhoben, da er in mehrfacher Hinsicht defizitär erscheint:

> Die notwendige Unterscheidung zwischen 'sex' und 'gender' hielt in ihrer Dichotomie jedoch weiterhin fest am Glauben an eine natürliche Zweigeschlechtlichkeit, wiederholte die gerade aus feministischer Sicht vielfach problematisierte traditionelle Dichotomie zwischen Natur und Kultur und ließ die Geschichtlichkeit des geschlechtlichen Körpers nach wie vor unberücksichtigt (Schwarzkopf 1998: 106).

Während sich die Mehrzahl der Forscher innerhalb der *Gender Studies* insbesondere mit Fragen der kulturellen Konstruktion von Geschlechterrollen befassten, wurde der Blick auf die historische Dimension des menschlichen Körpers sowie seiner Bedeutung für die Konstitution der Geschlechtsidentität häufig vernachlässigt.
Vor allem Judith Butler hat darauf hingewiesen, dass der als "Natur" angenommene Körper, der vielfach als Fundament der Geschlechterdifferenz rezipiert wurde, von der Konstruktion sozialer Prozesse abhängig ist. Die Unterscheidung von *Sex* und *Gender* wurde von Butler insofern neu bewertet, als dass sie *Sex* bzw. das biologische Geschlecht als Effekt von *Gender* bzw. der diskursiven Geschlechterkonstruktion definierte. Mit diesem Ansatz strebt Butler eine Überprüfung von Identitätskonzepten an, die bislang als substantiell und damit als unveränderlich galten. Angela Krewani weist darauf hin, "daß Butler keinesfalls die Bedeutung und den Einfluß von Körper und Körperlichkeit leugnen will. Ihr geht es hauptsächlich um eine Differenzierung des Zusammenhangs von biologischen Körperdefinitionen und deren kulturell bestimmter Gewichtungen" (Krewani 1994: 27). Nach Butler ist der Körper nicht in ei-

ner präkulturellen oder prädiskursiven Natur verankert, sondern nur über kulturelle Symbolisierungen zugänglich. Unsere Auffassung von Geschlecht konstituiere sich, so Butler, als ein Effekt einer nie abgeschlossenen Serie von performativen[26] Akten. Diese wiederum sind als Konstruktionen zu verstehen, "deren historische Bedeutungsherstellung verschleiert wird, so dass sie als Abbildungen 'natürlicher' Gegebenheiten erscheinen" (Zeh 2000: 23). Butler geht es insbesondere darum, die Naturalisierung des Körpers kritisch zu hinterfragen und als Effekt diskursiver Praktiken einzuordnen. Mit der Betonung des performativen Status' des körperlichen Geschlechts negiert Butler eine angenommene "natürliche" Realität des Körpers und spricht ihm jeglichen ontologischen Status ab.

Die dekonstruktivistische Forderung, den Körper nicht als monolithische Entität zu verstehen, sondern ihn vielmehr als fluktuierende, performative Kategorie zu betrachten, ist auch in der Filmwissenschaft nicht unbeachtet geblieben. In den letzten Jahren hat die Tendenz, den filmisch konstruierten Körper in den Mittelpunkt von filmtheoretischen Untersuchungen zu rücken, stetig zugenommen. Gerade in den aktuellen Debatten über die filmspezifische Konstruktion von Männlichkeitskonzepten lässt sich vielfach eine deutliche Betonung der Bedeutung des Körpers für die Konstitution der männlichen Geschlechtsidentität feststellen. Pat Kirkham und Janet Thumim umschreiben das Bedeutungsfeld des filmisch konstruierten Körpers folgendermaßen:

> By *the body* [sic], we refer to the visual representation of the male, to dress, to the spectacle of the male body and the invitation to audience pleasure in this spectacle; we refer also to the actor's presence, his star persona, as an important element of this material construction. [...] Thus, the filmic construction of *being* (the body) and *doing* (the body in action) are both sites where assumptions about masculinity are made manifest (Kirkham/Thumim 1993: 12).

[26] Der Begriff Performativität bezieht sich nicht auf die Metaphorik des Theaters, sondern auf die von J. L. Austin begründete und von J. R. Searle weiterentwickelte Sprechakttheorie, wie Butler in ihrem jüngsten Buch *Haß spricht. Zur Politik des Performativen* (1998) erläutert. Dieser linguistische Theoriekomplex analysiert die Handlungsdimension der Sprache; ein "performativer Sprechakt" bezeichnet die mit der Äußerung des Satzes vollzogene Handlung (beispielsweise die rechtskräftige Verurteilung durch einen Richterspruch).

Dabei weisen die Autorinnen ausdrücklich auf die Signifikanz des Körpers als kulturelles Symbol hin. Von besonderer Bedeutung ist daher "the meaning of the body itself – not as a signifier of individual prowess, nor even as a pleasurable object for the gaze, but as a cultural icon" (Kirkham/Thumim 1993: 13). Diese Komponente spielt in Zusammenhang mit der Diskussion um die Formen audiovisueller Körperkultur eine nicht zu unterschätzende Rolle, da medial vermittelte Körperbilder niemals gleichbedeutend sind mit physischer Wirklichkeit. Vielmehr steht die künstliche Reproduktion von gesellschaftlichen Körperkonzepten im Vordergrund, die historisch, kulturell und sozial definiert werden. Stefan Zahlmann konstatiert: "Tatsächlich handelt es sich bei filmischen Körperkonzepten jedoch nicht um die physische Realität der Schauspieler selbst, als vielmehr um eine durch ihre Leistung erfolgte Aktualisierung außerfilmischen Wissens über den Körper" (Zahlmann 1998: 225).
Im Folgenden sollen insbesondere diejenigen filmischen Manifestationen der Körperlichkeit untersucht werden, die gesellschaftlich etablierte Körperkonzepte in Frage stellen. Sowohl der Vater in Frauenkleidern als auch der schwangere Mann repräsentieren Körperinszenierungen, die potentielle Bruchlinien innerhalb der traditionellen Hollywood-Virilität markieren. Im Vordergrund steht daher die Frage nach dem Körper und seiner Bedeutung für die Konstruktion sowohl der männlichen Geschlechtsidentität als auch des väterlichen Rollenverständnisses.

V.2.3.1 *Mrs. Doubtfire* (Chris Columbus, 1993)

Der Film *Mrs Doubtfire* instrumentalisiert als zentrales Moment der Komik den Kleidertausch. Marjorie Garber weist in ihrer weitreichenden Untersuchung *Verhüllte Interessen. Transvestismus und kulturelle Angst* (1993) darauf hin, dass das Motiv des Crossdressing fließende Geschlechtergrenzen impliziert und somit auf eine "Kategorienkrise" verweist. Diesen Terminus erläutert Garber folgendermaßen:

> Mit 'Kategorienkrise' meine ich ein Mißlingen von definitorischer Distinktion, eine Grenzlinie, die durchlässig wird und Grenzübertritte von einer (dem Anschein nach distinkten) Kategorie zu einer anderen erlaubt. [...] Eine transvestische Figur [...] wird immer als ein Zeichen von Überdetermination fungieren – als Mechanismus der Verschiebung von einer unscharfen Grenze zu einer anderen (Garber 1993: 31).

Die Kategorienkrise, von der Garber spricht, beinhaltet kulturelle, ästhetische und gesellschaftliche Dissonanzen. Wenn Grenzlinien durchlässig und Grenzübertritte möglich werden, dann bedeutet das gleichzeitig das Infragestellen des Originären, der stabilen Identität. Ob dieses Erklärungsmuster auch für die Analyse von *Mrs. Doubtfire* angewendet werden kann und welche Implikationen sich durch das Crossdressing für die Rolle des Vaters ergeben, soll im Folgenden untersucht werden.

Zunächst muss festgestellt werden, dass der Kleidertausch in der literarischen, theatralen und filmischen Tradition ein altbekanntes Motiv darstellt, das in verschiedenen kulturellen Kontexten und künstlerischen Gattungen jeweils unterschiedlich zum Tragen kommt. Während beispielsweise im Kriminalgenre der Transvestit häufig pathologisiert wird und als ein Mensch erscheint, den der krankhafte Zwang zum Kleidertausch bewegt[27], wird in der Komödie eher die unfreiwillige Komik der Situation betont; hier wird das Crossdressing nicht durch innere Ängste motiviert, sondern meist durch äußere Umstände wie z. B. ökonomische Bedingungen[28]. In der Komödie wird das Motiv des Kleidertauschs als pures Amüsement einer Verwechslungssituation instrumentalisiert, ohne den Zuschauer im Unklaren über die geschlechtliche Identität des Protagonisten zu lassen: "Die Grundvoraussetzung der Komödie für das zum Lachen motivierende Geschlechterspiel ist, [...] daß das Publikum von vorneherein über die sich unter der Kleidung befindende Identität bzw. das dazugehörige Genital Bescheid weiß" (Benedek/Binder 1996: 218). Dieses Moment ist für Gertrud Lehnert ein eindeutiges Indiz dafür, dass eine Transgression der Geschlechtergrenzen in der Filmkomödie nicht thematisiert wird: "Mit einer ernstgemeinten Identitätsproblematik hat sie [die Maskerade] wenig zu tun, und die klassische heterosexuelle Geschlechteraufteilung wird nicht wirklich in Frage gestellt" (Lehnert 1997: 101). Diese Bewertung greift allerdings zu kurz, da sie die Möglichkeit der leisen Zwischentöne sowie einen potentiellen subversiven Subtext ausblendet. Gerade das Genre der Komödie stellt ein Repertoire an Optionen bereit, das vielen anderen Genres nicht offen steht, wie Tania Modleski feststellt:

[27] In der Hollywoodtradition sind als Beispiele *Psycho* (Alfred Hitchcock, 1960) und *Dressed To Kill* (Brian de Palma, 1980) zu nennen.

[28] Michael Dorsey in *Tootsie* (Sidney Pollack, 1983) beispielsweise schlüpft in Damenkleider, weil er nur so an den erhofften Job kommen kann und auch Victoria Grant in *Victor/Victoria* (Blake Edwards, 1982) handelt aus einer Notlage heraus: Für sie ist die Verkleidung als Mann der einzige Weg, der Arbeitslosigkeit zu entfliehen.

> Comedy, as the realm of the carnivalesque, has always permitted a certain freedom of expression in our relation to our collective anxieties, fears and wishes. [...] Feminists have found the realm of comedy and carnival to be an important arena both for the working out of utopian desire and for ideological and psychical subversions of the dominant regime (Modleski 1988: 77).

Ein weiterer Aspekt ist bedeutsam in Zusammenhang mit der Genrefrage: "It is perhaps significant that comedy is the preferred form for the image of changing family roles, particularly fathering" (Kaplan 1992: 188). Das in der Komödie präsentierte Crossdressing kann nicht nur der prädestinierte Verhandlungsraum für Fragen der Geschlechteridentität sein; es ergibt sich ebenso die Möglichkeit, traditionelle Familienrollen karikaturistisch darzustellen und dadurch neu zu verhandeln.

In *Mrs. Doubtfire* sind es nicht die für die Crossdressingkomödie typischen ökonomischen Bedingungen, die den Kleidertausch des Protagonisten motivieren. Daniel Hillard (Robin Williams) befindet sich in einer anderen Konfliktsituation: Nachdem er seinen Job als Synchronsprecher verloren und mit einer chaotischen Geburtstagsparty für seine Kinder das Haus verwüstet hat, ist seine Frau Miranda (Sally Field), eine erfolgreiche Architektin, mit den Nerven am Ende: Sie reicht die Scheidung ein. Vor Gericht wird ihr das Sorgerecht für die drei Kinder zugesprochen; Daniel soll sie nur noch einmal pro Woche sehen. Die Trennung von seinen Kindern fällt dem Familienvater sehr schwer. Um ihnen dennoch nahe sein zu können, antwortet er auf eine Annonce seiner Frau, die ein Kindermädchen sucht. Mit Hilfe seines Bruders Frank, eines Maskenbildners, verwandelt er sich in Mrs. Doubtfire, die sich nicht nur liebevoll um die Kinder kümmert, sondern auch eine perfekte Haushälterin ist.

Nach Michael Schwarzkopf "stellen die männlichen Transvestiten die 'weiblicheren' und das heißt in einer androzentrischen Kultur immer: die besseren Frauen dar" (Schwarzkopf 1998: 118). Daniels Bemächtigung des 'Weiblichen' bezieht sich dabei nicht so sehr auf eine besonders gelungene Maskerade, sondern vielmehr auf die Aneignung traditionell weiblich konnotierter Qualitäten wie Kindererziehung und Haushaltsführung. Beides sind Eigenschaften, die seiner Ehefrau Miranda zu fehlen scheinen, so dass der verkleidete Daniel als überlegener Gegenpart erscheint: Der transvestische Mann scheint die bessere Frau zu sein. Pat Kirkham und Janet Thumim verweisen auf die misogynen Tendenzen dieses Szenarios, die durch die männliche Annexion des weiblichen Handlungsraums entstehen:

> The valorisation of 'feminine' qualities in the romantic hero [...] can conceal a paternalist (patriarchal) misogyny operating through the mechanism of appropriation. Appropriating the 'other' implies a denial of the other's subjecthood. [...] Transgressive adventuring and appropriation lead to the paradoxical but nevertheless widely noted filmic proposition – almost a trope of patriarchal cinema, we might suggest – that the perfect woman is a man (Kirkham/Thumim 1995: 33-34).

In dieser Konstellation schwingen dieselben vorwurfsvollen Untertöne mit, die bereits in den populären Väterfilmen der 80er Jahre artikuliert wurden. Die ambitionierte Karrierefrau wird als wenig verantwortungsbewusste Mutter inszeniert, die ihrer Arbeit mehr Zeit widmet als den eigenen Kindern. Mit der Konzentration auf die traditionell männlich definierte öffentliche Sphäre und der Vernachlässigung der weiblich-privaten Sphäre geht eine Maskulinisierung der Frau einher, die in *Mrs. Doubtfire* deutlich visualisiert wird. Schon die erste Einstellung, die Miranda zeigt, präsentiert sie in ihrem Arbeitsumfeld. Während Daniel von Anfang an durch sein anarchisches Verhalten auffällt, wird Miranda in einer Konferenz als autoritäre Person gezeichnet, die sich den Regeln einer strikten Arbeitswelt unterworfen hat. Dies zeigt sich auch an ihrer Kleidung, die nach Yvonne Tasker eine Form des weiblichen Crossdressing evoziert: "Her costume, a tailored black trouser suit with white blouse styled to resemble a waistcoat, echoes the familiar cross-dressed image of male evening wear, an image which bears associations of social power" (Tasker 1998: 34). Neben der Kleidung fungieren auch Mirandas selbstbewusstes Auftreten und ihre Position innerhalb der Firma als Indikatoren des männlich besetzten Feldes der öffentlichen Sphäre: "Miranda's costume, her stature and her 'harshness' with Daniel combine to associate her with a restrictive order defined in terms of the world of work" (Tasker 1998: 34). Susanne Schuster bezeichnet "den Milchbart, mit dem sie am Anfang des Films nach einem Schluck aus einer Kaffeetasse zu sehen ist, als Signum ihres verbiesterten Frauendaseins" (Schuster 1996: 115-116); vielmehr zeigt sich in dieser Darstellung jedoch eine weitere ironische Anspielung, die auf Mirandas Verbindung mit einem männlich definierten Wirkungsraum hinweist. Weiterhin verfestigen Daniels explizit artikulierte Vorhaltungen Miranda gegenüber das Bild der karriereorientierten Frau, die ihre Kinder vernachlässigt: "Du musstest ja Karriere machen! Du verbringst doch zuviel Zeit mit deinen Karriereclowns, die du früher so verachtet hast." Diese Anklagen bestätigen den Vorwurf an die berufstätige Frau und lassen den Vater als einen übergeordneten, weisen Kritiker erscheinen: "Contemporary articulations of the working woman [...] articulate both the sense of woman's 'masculinised' role in business and a critique of that role, enacted in the film through the reproachful, nurturing father" (Tasker 1998: 36).

Durch die Maskulinisierung der Frau wird die Arbeitsaufteilung im Familiensystem neu definiert. Diejenigen Aufgabenfelder, die traditionell dem Vater unterstehen, wie z. B. die Rolle des Brotverdieners und des ökonomischen Versorgers und damit das Wirken in der öffentlichen Sphäre, fallen in *Mrs. Doubtfire* vorrangig der Mutter zu. Dadurch entsteht eine bezeichnende Leerstelle: Die mit dem Bereich der privaten Sphäre zusammenhängenden Aufgaben wie Haushaltsführung, Erziehung und Betreuung der Kinder, insbesondere auf emotionaler Ebene, bleiben unerfüllt. Dieser Wirkungsraum, der traditionell weiblich konnotiert ist, wird durch den transvestisch transformierten Daniel besetzt. Hier ergibt sich im Vergleich zu den Väterfilmen der 80er Jahre eine entscheidende Modifikation: Es ist nicht der neue, emotionale Vater, der die Mutter zu Hause vertritt, sondern der als Frau verkleidete Mann, der sich der privaten Sphäre widmet. Wie lässt sich diese Konstellation erklären?

Nach Marjorie Garber kann Daniels Crossdressing grundsätzlich als Indikator einer Krise angenommen werden. Garber betont, dass "eine der konsistentesten und wirkungsvollsten Funktionen des Transvestiten in der Kultur ist, den Ort der, wie ich es nenne, 'Kategorienkrise' anzuzeigen" (Garber 1993: 30). Auch Thomas Koebner geht davon aus, dass die durch den Kleidertausch evozierte Geschlechtertransgression erst durch die Instabilität eines kulturellen Kontextes möglich wird: "Nur Krisenzeiten können das anscheinend stabile Gegeneinander der Geschlechter aus dem Gleichgewicht bringen" (Koebner 1998: 183). Diese These lässt sich auch empirisch belegen, wie Benedek/Binder feststellen:

> Interessanterweise kann man einen zahlenmäßigen Anstieg von Unterhaltungsfilmen, besonders Komödien, mit Crossdressing-Motiv in der Nach- und Zwischenkriegszeit verzeichnen – wiederum ein Indiz für das Crossdressing als Zeichen der gesamtgesellschaftlichen Kategorienkrise [...] Das vermehrte Aufkommen transvestischer Komödien in den 80er und 90er Jahren sehen wir in diesem Zusammenhang als ein weiteres Indiz unserer These, dass das populäre Crossdressing einer

> Krisenbewältigungsstrategie gleichkommt (Benedek/Binder 1996: 221-222).

Ist Daniels Crossdressing eine Antwort auf die sich seit den 80er Jahren abzeichnende "Krise der Männlichkeit"? Dieser Erklärungsansatz überzeugt in Zusammenhang mit Fragen der Geschlechtsidentität, greift aber in der Diskussion um den transvestischen Vater in *Mrs. Doubtfire* zu kurz. Es darf nicht übersehen werden, dass in dem Film die generischen Konventionen der Crossdressing-Komödie mehrfach überschritten werden. Zunächst einmal wird die für das Genre typische ökonomische Motivation des Kleidertauschs in *Mrs. Doubtfire* durch die Sehnsucht eines Vaters nach seinen Kindern ersetzt. Weiterhin unterscheidet sich die narrative Auflösung des Films von dem Erzählmuster klassischer Crossdressing-Komödien, das eine romantische Zusammenführung des Liebespaares vorsieht, nachdem die durch die Maskerade verursachte Konfusion beendet ist. In *Mrs. Doubtfire* gibt es diesen *romance-plot* nicht; Daniel und seine Frau lassen sich gleich zu Beginn des Films scheiden und finden auch nicht mehr zusammen. Das Happy End konstituiert sich nicht durch eine zu ihrem glücklichen Ende geführte Liebesgeschichte, sondern durch die geglückte Vereinigung eines Vaters mit seinen Kindern. *Mrs. Doubtfire* setzt also andere Akzente: Daniels Funktion als Ehemann und Liebespartner wird narrativ vernachlässigt, während seine Rolle als Vater in den Vordergrund gerückt wird.
Die prominente Inszenierung des Vaters macht eine Perspektivenerweiterung erforderlich. Das Crossdressing darf nicht nur als ein Hinweis auf eine Krise in Bezug auf die Kategorie Geschlecht verstanden werden, sondern muss auch im weiteren Kontext der patriarchalen Konditionen untersucht werden. Viele Autoren der *Men's Studies* haben auf eine soziale Krise des Patriarchats hingewiesen, deren Folgen sich in der gesunkenen männlichen Autorität zu Hause bzw. in der völligen Absenz des Vaters zeigten[29]. Die Väterfilme der 80er Jahre antworteten mit der Darstellung eines neuen, fürsorglichen Vatertypus auf diese Situation. Vivian Sobchack bezeichnet die verstärkte häusliche Präsenz des Vaters als eine wichtige Vorbedingung in Bezug auf die Lösung der Krise, benennt aber auch noch einen weiteren signifikanten Faktor:

> Thus, if the necessary condition for resolving bourgeois patriarchy's social crisis is paternal abandonment of the family, then the metaphoric

[29] Vgl. Horrocks 1994, Blankenhorn 1995 sowie Ehrenreich 1995.

> and figural displacement and transformation of the adult male human body is the sufficient condition whereby patriarchy can maintain its power over women and children (Sobchack 1986: 30).

Der Hinweis auf die Transformation des männlichen Körpers ist in diesem Zusammenhang von zentraler Bedeutung. Daniels Verwandlung vom Mann zur Frau wird im Film ausgiebig visualisiert. Die Art der Inszenierung zeigt "a delight in sequences of transformation, enacting visually as well as narratively a process of 'becoming something other' that is conducted through/over the star body. Typically represented through montage sequences with an upbeat soundtrack, transformation is offered as cinematic spectacle" (Tasker 1998: 27). Auffällig ist dabei, dass es sich bei der Transformation nicht um das "klassische" Crossdressing handelt, das sich allein durch den Kleidertausch konstituiert. Daniels Verwandlung beschränkt sich nicht auf das Überstreifen von Damenkleidern, sondern involviert auch Zeichenträger, die auf die physische Repräsentation einer Frau unter der Kleidung hinweisen sollen. Dazu gehört eine Schaumstoffkonstruktion, die Daniel einen wogenden Busen, einen üppigen Bauch und ausladende Hüften verschafft. Weiterhin formt sein Bruder Frank eine Latexmaske, die nicht nur die rosige Haut einer älteren Frau, sondern auch höhere Wangenknochen und zartere Gesichtszüge evozieren soll. Der in *Mrs. Doubtfire* gezeigte Verwandlungsakt geht damit ein wesentliches Stück weiter als die in herkömmlichen Crossdressing-Komödien präsentierten Kleidertauschszenarien. Daniel eignet sich nicht nur die klassischen Insignien einer kulturellen Weiblichkeit wie Damenkleidung, Make-up oder lackierte Fingernägel an; er versucht sich zudem in der Konstruktion eines weiblichen Körpers, der die physische Realität seines männlichen Körpers überdecken soll.

In ihrem Artikel "The incredible Shrinking He(r)man: Male Regression, the Male Body, and Film" (1990) untersucht Tania Modleski mediale Repräsentationen der Männlichkeit, die dem körperbetonten Virilitätsideal des Hollywoodkinos diametral entgegengesetzt sind[30]. Das entscheidende Moment, dass die von Modleski vorgestellten Filme verbindet, ist die "Entkörperung" ihrer antivirilen Protagonisten: "These films [...] have at their core the male desire to escape the human limits of the body" (Modleski 1990: 71). Der neue Typus Mann, der sich der körperlichen Katego-

[30] Als Beispiele erwähnt sie den kleinwüchsigen Mann wie Danny De Vito, den effeminierten Mann wie Boy George oder den kindischen Mann wie Paul Reubens.

risierung entzieht, "seemed openly to refuse to take a position on one side of the divide of sexual difference and, moreover, flaunted his lack of phallic potency" (Modleski 1990: 56). Durch das Crossdressing scheint Daniel nicht nur seine männliche Geschlechtsidentität, sondern auch seine "phallische Potenz" bzw. seine patriarchalen Privilegien zu verlieren. Bei genauerem Hinsehen stellt sich jedoch heraus, dass die Transformation des Körpers mit einer zunehmenden Handlungsautonomie des Mannes einhergeht, die sich auf Kosten der Frau auswirkt: "The films are [...] oppressive to women, who are made to bear, as always, the burdens of masculine ambivalence about the body" (Modleski 1990: 72).

Nach Michael Schwarzkopf "durchbrechen GeschlechtswechslerInnen ein Verdikt binärer Phallokratie, das da lautet: Jedes Individuum darf nur einen Körper haben, männlich oder weiblich" (Schwarzkopf 1998: 108). Dass Daniel seinen männlichen Körper stets behält und niemals leugnet, wird nicht nur durch die Enthüllungssequenzen verdeutlicht, sondern auch durch die Inszenierung der Kunstfigur Mrs. Doubtfire, die wesentlich älter und unansehnlicher ist als ihr Erfinder:

> Als sei der Übertritt ins Weibliche Männern eher als insgeheim verachtete 'Verfehlung' anzurechnen, als sei ihr Autoritätsverlust merklicher und nur durch das Vergnügen an spöttischer Parodie jener Frauen zu entschuldigen, die, entsexualisiert, als Zielscheibe männlicher Überheblichkeits-Satire taugen. So weit diktiert und durchdringt patriarchalischer Stolz oder Dünkel die Konzeption der Spottfiguren aus dem anderen Geschlecht (Koebner 1998: 186).

Susanne Schuster stellt fest, dass die durch den Geschlechtsrollentausch hervorgerufene Veränderung der Perspektive eine Bewusstseinserweiterung bewirken kann:

> Bei der intensiven Überformung des Einzelnen durch die Erziehung und die Macht des gesellschaftlichen Kontextes ist der Rollentausch vielleicht die einzige Möglichkeit, um soviel Distanz zu sich selbst [...] zu gewinnen. Nur so ist die entsprechende Selbstbespiegelung, das Erkennen der gesellschaftlichen Konfiguration und damit eine Veränderung möglich (Schuster 1996: 120-121).

Die Möglichkeit eines Lernprozesses wird in *Mrs. Doubtfire* allerdings ausgespart. Zwar bietet der Film eine Neubewertung der Arbeitsökonomie innerhalb des Familiensystems, die der Frau die Rolle der Brotverdienerin zuweist und dem Mann die häusliche Sphäre als Wirkungsraum zuschreibt. Anders als in *Look Who's Talking* funktioniert dieses Konzept jedoch nicht, denn Daniel erfüllt seine häuslichen Aufgaben nicht als Ehemann und Familienvater, sondern erst nach der Trennung von seiner Frau und den Kindern und nur über den Umweg der weiblichen Maskerade. Dass Daniel der häusliche Wirkungsraum in seiner männlichen Rolle nicht offen steht, wird von Rolf-Ruediger Hamacher treffend kritisiert, denn in *Mrs. Doubtfire* huldigt der Regisseur Chris Columbus

> einer weder reflektierten noch ironisch gebrochenen Sichtweise auf die amerikanische Familie, die [...] eigentlich keine Sorgen hat, außer der, daß der Vater ein wenig zu kinderlieb ist. Das und seine Arbeitslosigkeit erscheint als Scheidungsgrund doch sehr weit hergeholt, zumal die Mutter mit ihrem überdurchschnittlichen Einkommen alle ernähren könnte: Warum also Daniel nicht gleich als Hausmann 'einstellen'? Da das die amerikanische Gesellschaftsordnung auf den Kopf stellen würde, wählt man lieber einen dummen Konflikt (Hamacher 1994: 24-25).

Der transvestisch transformierte Vater in *Mrs. Doubtfire* fungiert als Indikator einer Krise des Patriarchats und gleichzeitig als deren Bewältigungsstrategie. Die Chance einer kritischen Betrachtung und Neubewertung geschlechtlicher und familiärer Rollensysteme bleibt allerdings ungenutzt, was sich insbesondere an der negativen Charakterzeichnung Mirandas zeigt: "So geht die [...] Kritik am eigenen Mythos Mann einher mit der Ausgrenzung oder auch Verteufelung der Frau. Der 'neue Mann' wird gleich auch zur besseren Frau" (Schwarzkopf 1998: 119). Dieser Eindruck wird in der Schlusssequenz des Films bestätigt, in der Daniel als der überlegene Sieger erscheint, dem sowohl das weibliche als auch das männliche Terrain offenstehen. Seine Rolle als Mrs. Doubtfire hat laut Miranda "das Beste" in ihm geweckt. Nicht nur die Kinder vermissen ihre Gouvernante, auch Miranda bemerkt: "Ich muss zugeben, dass alles viel schöner gewesen ist, als sie hier war. Das Haus war so warm und gemütlich. Die Betten waren gemacht und auch das Abendessen...". Nach diesem Eingeständnis ihrer eigenen Unfähigkeit sorgt sie dafür, dass Daniel seine Kinder jeden Tag ein paar Stunden sehen darf, obwohl das Gericht anders entschieden hat. Zudem hat Mrs. Doubtfire Daniel zu einem Job als Moderatorin einer Kindersendung verholfen, den er in der bewährten Verkleidung ausübt. Das Schlussbild billigt Miranda keinen

Raum zu, sondern zeigt allein Daniel mit den Kindern; dazu erklingt in einem Voice-over die Stimme von Mrs. Doubtfire, die in ihrer Kindersendung auf einen Leserbrief antwortet und die weisen Schlussworte formuliert: "Aber die Liebe, Schätzchen – die hält in alle Ewigkeit. Und in deinem Herzen wirst du immer eine Familie haben".

In bezug auf das Crossdressing stellt Chris Strayer fest: "It offers a potential for the deconstruction and radical appropriation of gender codes and conventions" (Strayer 1995: 411). Dieses Potential wird in *Mrs. Doubtfire* höchstens berührt, nicht jedoch voll ausgeschöpft. Die offen präsentierte Unfähigkeit der Mutter sowie die überdeutliche Huldigung des kinderlieben Vaters tragen eher dazu bei, eine rigide Aufteilung des Geschlechterverhältnisses zu bestätigen, als eine Re-vision der Familie vorzunehmen und das sozial etablierte Familienmodell, das eine geschlechtsspezifische Arbeitsteilung vorsieht, aus seiner gesellschaftlichen Verankerung zu reißen.

V.2.3.2 *Junior* (Ivan Reitman, 1994)

Ivan Reitmans Film *Junior*, nach *Twins* (1988) seine zweite Produktion mit Arnold Schwarzenegger in der Hauptrolle, wurde von den Kritikern höchst unterschiedlich bewertet. Einige lehnten die ihrer Meinung nach abstruse Präsentation des schwangeren Mannes kategorisch ab und verdammten die biologisch unglaubwürdige Konstruktion des Films: "The biology proposed in *Junior*, with Danny De Vito scheming over ultra-sound pictures of Arnold's embryo, is fatuous, and even offensive" (Thomson 1995: 24). Andere wiederum hoben Schwarzeneggers Lust an der Demontage des eigenen Images lobend hervor: "Arnold Schwarzenegger entmännlicht sich endlich im wörtlichen Sinne, um dem Klischee des supervirilen Schlagetots zu entkommen" (Everschor 1994: 23). Auffällig ist dabei, dass der Film nicht etwa aus dem Blickwinkel von Genrefragen oder Inszenierungstechniken betrachtet wird, sondern dass beide Kritiker den Körper als alleiniges Bewertungskriterium voraussetzen. Der Rekurs auf den Körper kann nur in Zusammenhang mit dem Starimage Schwarzeneggers erklärt werden.

Arnold Schwarzenegger stammt aus Österreich und kam erstmals 1968 im Rahmen der "Mr. Olympia"-Wahlen in die USA. Er gewann dreimal den Titel des "Mr. Universum", und wurde 1976 für seine Darstellung eines Bodybuilders in *Stay Hungry*

(Harold Schneider/ Bob Rafelson) mit dem Golden Globe ausgezeichnet. In den 80er Jahren erlangte Schwarzenegger durch seine Auftritte in zahlreichen Actionfilmen[31] Starruhm und avancierte zu einem der bestbezahlten Schauspieler der Welt. In Zusammenhang mit der filmischen Männlichkeitsrepräsentation ist das Actionkino der 80er Jahre von zentraler Bedeutung: Mit der Darstellung exzessiver Körperlichkeit und heroischer Kämpferfiguren reproduzierte es männliche Allmachtsfantasien, die sich meist um das Bild eines gewaltigen Körpers zentrierten[32]. Durch seinen perfekt trainierten Körper wurde Schwarzenegger zum Idol einer Epoche; seine spektakulären Muskelpakete machten ihn zur Ikone des hypermaskulinen Virilitätsideals der 80er Jahre.

1988 drehte Schwarzenegger unter der Regie von Ivan Reitman seine erste Komödie *Twins*, in der zwei äußerlich und in ihrer Lebenshaltung extrem verschiedene Zwillinge (Arnold Schwarzenegger, Danny De Vito) nach mehr als 30 Jahren zusammenfinden. Sowohl der Gegenpart zu dem kleinwüchsigen Danny De Vito, der dem körperlichen Ideal des Hollywoodheroen kontrastiv entgegensteht, als auch Schwarzeneggers erstmals gezeigtes komödiantisches Talent bewirkten eine Abkehr von dem bislang bevorzugten Rollenfach, die sich insbesondere durch das ironische Spiel mit dem eigenen Image manifestierte. So ist "gerade das Element der Selbstironie von entscheidender Bedeutung, denn es erlaubt eine Distanzierung von dem von ihm [Schwarzenegger] verkörperten Typus des Muskelhelden" (Bassett 1998: 102)[33]. Nach dem Erfolg von *Twins* drehte Schwarzenegger 1990 eine weitere Komödie: In *Kindergarten Cop* (Leonard Reitman) spielt er einen Polizisten, der als Undercovera-

---

[31] Unter ihnen die Fantasy-Abenteuer *Conan the Barbarian* (1981), *Conan the Destroyer* (1984) und *Red Sonja* (1985), sowie die Action-Streifen *The Terminator* (1984), *Commando* (1985), *Raw Deal* (1986), *The Predator* (1987) und *The Running Man* (1988).

[32] Als eine weitere Ikone des Actionkinos der 80er Jahre kann der Schauspieler Sylvester Stallone genannt werden, der vor allem durch die Boxerfilme *Rocky* (1976), *Rocky II* (1978), *Rocky III* (1981), *Rocky IV* (1985) und *Rocky V (1990)*, sowie durch die Darstellung des John Rambo in *First Blood* (1982), *Rambo: First Blood Part II* (1985) und *Rambo III* (1988) berühmt wurde. Auch Stallone präsentierte in seinen Filmen das Ideal eines durchtrainierten, muskulösen Körpers, der im Zentrum der filmischen Narration steht. Drew Bassett betont: "Physische Präsenz macht im Grunde den Stil des Schauspielers Sylvester Stallone aus: Der Körper ist entscheidend – [...] nicht aber Sprache oder Verstand" (Bassett 1998: 97).

[33] Auch Sylvester Stallone versuchte zu Beginn der 90er Jahre mit den Komödien *Oscar* (1991) und *Stop! Or My Mom Will Shoot!* (1992) einen Imagewechsel. In beiden Filmen ist die bewusste Abkehr von dem Rambo-Image, das zum Synonym für Brutalität und Dumpfheit geworden war, zu bemerken. Die bei Schwarzenegger so deutlich präsentierte Selbstironie ist bei Stallone jedoch nur ansatzweise zu erkennen.

gent in einem Kindergarten eingesetzt wird und sich vom harten Einzelkämpfer zum liebevollen Ersatzvater wandelt. Nach Susan Jeffords initiiert dieser Film einen deutlichen Wandel in der filmischen Männlichkeitsrepräsentation: "*Kindergarten Cop*, starring one of the hardest bodies of the 1980s, Arnold Schwarzenegger, shows how the transition from law enforcer to family man was to be sketched out" (Jeffords 1994: 141). Während sich schon im Titel des Films das Motiv des Nährens und Pflegens andeutet, wird die Darstellung einer neuen, emotionaleren Männlichkeit, die sich hinter dem harten Körperpanzer verbirgt, durch Schwarzeneggers Präsentation einer liebevollen Ersatzvaterfigur unübersehbar: "*Kindergarten Cop* shows that men can change and that they are really loving and kind beneath those brutal exteriors" (Jeffords 1994: 154). Nach Susan Jeffords verdeutlicht Schwarzeneggers Rollenwechsel, dass die "hard-fighting, weapon-yielding, independent, muscular, and heroic men" (Jeffords 1993:197) des 80er Jahre Actionkinos ausgedient haben und einem neuen Männlichkeitsideal Platz machen[34]. Schwarzenegger kommt in diesem Zusammenhang die Funktion eines kulturellen Markers zu, da der Wandel in der Männlichkeitsrepräsentation an seinem Imagewechsel deutlich zu Tage tritt; er fungiert somit als "cultural key to the refiguring of U.S. manhood" (Jeffords 1993: 199). Schwarzeneggers dritte Komödie *Junior* stellt einen bisherigen Höhepunkt in der von Jeffords beschriebenen Entwicklung vom emotionslosen Helden über den Ersatzvater bis hin zum biologischen Vater dar[35].

Drew Bassett beschreibt ein Moment, das für Schwarzeneggers neue Rollen konstitutiv und allen seinen Komödien zu eigen ist: "In diesen Filmen wird Schwarzeneggers Körper weitaus weniger exponiert, sind die ironischen, selbstreflexiven und damit selbstironischen Momente verstärkt" (Bassett 1998: 104). Bassett erläutert diese Beobachtung an anderer Stelle genauer:

[34] Diese Entwicklung wird bereits durch die unterschiedliche Inszenierung der *Terminator*-Figuren vorbereitet, in denen sich eine Wandlung des Männlichkeitsideals ankündigt: "Im ersten Teil [der *Terminator*-Filme] ist Schwarzenegger noch die radikal reduzierte Kampfmaschine, die aus der Zukunft kommt, um die Mutter des kommenden Widerstandsführers gegen die Herrschaft der Maschinen zu ermorden. Im zweiten Teil ist er gewandelt, neu programmiert – er wird zum väterlichen Freund dieses Jungen, zum Befreier seiner Mutter" (Seeßlen 1996: 30).

[35] Nach *Junior* (1994) drehte Arnold Schwarzenegger mit *Jingle All The* Way (1996) eine weitere Komödie, in der er einen leiblichen Vater spielt. Auch in diesem Film wird Schwarzeneggers neues emotionales Starimage offen präsentiert: Er spielt einen Vater, dessen größte Herausforderung es ist, den Weihnachtswunsch seines Sohnes zu erfüllen.

> Seine [Schwarzeneggers] Rollen als leiblicher Vater [...] oder als Ersatzvater [...] schufen ein neues, 'weicheres' Image. Dabei benutzen besonders die Komödien das 'klassische' Schwarzenegger-Klischee als Kontrastfolie, um sich von diesem spielerisch zu distanzieren. Mit dieser Tendenz geht eine andere einher: Schwarzeneggers Körper steht immer weniger im Zentrum der Inszenierung, ist meist bekleidet, und selbst in den Action-Szenen werden allenfalls noch die muskulösen Arme entblößt (Bassett 1998: 109).

Der Feststellung, dass Schwarzeneggers Körper in den Komödien weniger exponiert erscheine bzw. vom Zentrum der Inszenierung an die Peripherie verschoben werde, kann im Hinblick auf den Film *Junior* nicht zugestimmt werden. Auch hier ist der Blick auf den Körper von zentraler Bedeutung; allerdings wird er nicht, wie in den früheren Schwarzenegger Filmen, durch die Konventionen des Action-Genres vermittelt, sondern er bedient sich anderer Inszenierungstechniken. Dies wird besonders deutlich in der Sequenz, in der Dr. Arbogast (Danny De Vito) das Experiment einer männlichen Schwangerschaft wagt und eine befruchtete Eizelle in Dr. Hesses (Arnold Schwarzenegger) Körper injiziert. Arnold Schwarzenegger liegt auf einer Untersuchungscouch und wird mit freiem Oberkörper gezeigt. Dabei ist insbesondere die Exponierung der Nacktheit auffällig: "Indeed, it is just where there is very little clothing that detail is foregrounded and becomes especially meaningful" (Kirkham/Thumim 1993: 13-14). Die Art der Darstellung, die Schwarzeneggers muskulösen Körper durch die Präsentation nackter Haut deutlich betont, widerlegt Bassetts Behauptung, dass Schwarzeneggers Imagewechsel mit einer tendenziellen Vernachlässigung der Körperinszenierung einhergehe. Es zeigt sich vielmehr eine neue Art der Körperlichkeit, die dem exzessiven Virilitätsideal des Actionkinos oppositional gegenüber gestellt wird. Noch immer sind Schwarzeneggers Muskeln und sein durchtrainierter Körper nicht zu übersehen; in *Junior* werden sie allerdings nicht durch archaische Rituale wie z. B. ausgedehnte Kampfszenarien präsentiert, sondern im passiven Ruhezustand. Das ironische und selbstreflexive Moment, das im Zusammenhang mit dem Imagewechsel Schwarzeneggers eine wichtige Rolle spielt, zeigt sich besonders deutlich in einer offen präsentierten Inkongruenz des athletischen Körpers und seiner passiven Lage. Zudem wird der Körper zum medizinischen Schauobjekt: Durch Dr. Arbogasts Ultraschalluntersuchungen erhält der Zuschauer sogar Einblick in die inneren Schichten des Körpers. Weiterhin ist die mise-en-scène der beschriebenen Einstellung auffällig, in der Danny De Vitos zwergenhafter Körper das Bild fast vollständig ausfüllt. Anders als in *Twins*, wo divergierende Männlichkeitskonzepte nebeneinander gestellt werden und Zwerg und Gigant zumeist jeweils eine Bildhälfte besetzen, werden die Körper in *Junior* nicht in einer symmetrischen Gegenüberstellung präsentiert, sondern erscheinen in einer hierarchisierten Anordnung. Dadurch, dass Dr. Arbogast im Bildvordergrund positioniert wird und sich ständig über den nur teilweise zu sehenden Körper von Dr. Hesse beugt, wird eine weitere subversive Umkehrung der konventionellen Männlichkeitsdarstellung verdeutlicht. Nicht der muskulöse, vor Kraft strotzende Körper dominiert das Bildfeld und die Handlungsführung, sondern der kleine, rundliche Männerkörper, der dem traditionellen Virilitätsideal diametral entgegensteht, wird in den Vordergrund gerückt. In der beschriebenen Einstellung signalisiert die für Schwarzeneggers Image konstitutive körperliche Kraft und Größe nicht, wie im Actionkino üblich, Dominanz und Autorität; vielmehr entsteht der Eindruck der Hilflosigkeit und des Ausgeliefertseins, der durch die wiederholte Präsentation medizinischer Geräte und Apparaturen noch verstärkt wird. Der im Film auffallend häufig eingesetzte visuelle Rekurs auf die Welt der Wissenschaft verweist auf eine bestimmte filmische Tradition: "Das Kino hat schon immer gerne mit der Angst vor der zunehmend komplexer werdenden Wissenschaft gespielt. Filme, in denen ein Wissenschaftler sich einem Selbstversuch unterzieht, bilden fast so etwas wie ein Sub-Genre" (Zander 1995: 41)[36]. Im Gegensatz zur Tradition der Gruselfilme, in denen der unreflektierte wissenschaftliche Optimismus in die Katastrophe mündet, ist *Junior* im Bereich der Komödie angesiedelt, wo sich die Ängste des Publikums in befreiendes Lachen auflösen können und der Fortschrittsglaube zu komischen Verwicklungen führt[37]. Zudem wird die körperliche Transformation Dr.

---

[36] Beispiele sind *Dr. Jekyll And Mr. Hyde* (Rouben Mamoulian, 1931), *The Man With The X-Ray Eyes* (Roger Corman, 1963) und *The Fly* (David Cronenberg, 1985).

[37] Auch in diesem Zusammenhang zeigt sich der intendierte Imagewechsel Schwarzeneggers besonders deutlich. Schon in seinen frühen Filmen wurde die artifizielle Erzeugung menschlichen Lebens thematisiert: "In dem Film *Terminator* werden zwei technologiekritische Diskussionen miteinander verknüpft: die globale Vernichtungspotenz eines Atomkrieges und die Biotechnologie, die sich mit der künstlichen Herstellung menschlichen Lebens bzw. mit der Herstellung von Cyborgs beschäftigt. So konnte die Figur der anthropomorphen Tötungsmaschine aus der Zukunft zu einem kulturellen Symbol der um technologischen Fortschritt gruppierten Ängste und Größenphantasien werden" (Brunotte 1998: 205). Während in *The Terminator* die Bedrohung des technischen Fortschritts offen präsentiert wird, legt *Junior* eine komische Variante des Wissenschaftsglaubens nahe, die den Mann nicht zu einer Tötungsmaschine werden lässt, sondern ihm dazu verhilft, sein emotionales Potential zu entdecken und auszuschöpfen.

Hesses keineswegs negativ konnotiert oder in ein bedrohliches Horrorszenario eingebettet[38], sondern als progressives Experiment inszeniert. Nach Howard Feinstein schreibt der Film eine konservative amerikanische Ideologie fort, die sich insbesondere an den Anti-Abtreibungskampagnen der Republikaner Mitte der 90er Jahre beobachten lässt: "*Junior* is clearly keyed to the mood of America. A pro-life ode to the nuclear Family, Ivan Reitman's film opened in the wake of the recent conservative Republican sweep of both Congress and the Senate – and yet another assassination attempt [...] on a pro-choice doctor" (Feinstein 1995: 47)[39]. Vor dem von Feinstein beschriebenen politischen Hintergrund wirkt Arnold Schwarzenegger nicht als gewissenloser Wissenschaftler, sondern als Beschützer und Retter des ungeborenen Lebens: "The scene in which Schwarzenegger and De Vito lovingly examine in detail a foetal sonogram smacks of the ubiquitous anti-abortion commercials ('Life: what a beautiful choice') running on American television" (Feinstein 1995: 47). Dr. Hesse beginnt, eine Beziehung zu dem entstehenden Leben in seinem Körper zu entwickeln und verteidigt es gegen jegliche Angriffe von außen. "Mein Bauch gehört mir!" bekräftigt er seinen Entschluss, das Experiment bis zum Ende durchzuführen und keinen vorzeitigen Schwangerschaftsabbruch zuzulassen – und zitiert damit ironischerweise genau den Slogan, den die Feministinnen zur Unterstützung ihrer Forderung nach Abschaffung des Abtreibungsparagraphen formulierten.

Viele Forscher der *Men's Studies* sind sich darin einig, dass insbesondere die neuen Technologien der Biogenetik dazu geführt haben, die Verunsicherung des Mannes in Bezug auf die Rolle der Vaterschaft zu forcieren. Dieter Lenzen konstatiert:

> Eine solche Stimmung ist dazu angetan, die Bereitschaft zur Zustimmung für eine Praxis zu vergrößern, die den Vater auch hinsichtlich seiner letzten Funktion, der der Zeugung von Kindern, liquidiert. Ge-

[38] Referenzen an den Horrorfilm sind zwar zu beobachten; allerdings in komödiantischer Verzerrung; etwa in der Sequenz, in der Dr. Hesse beschließt, seine "Schwangerschaft" nicht vorzeitig zu beenden, sondern das von ihm entwickelte Medikament "Expectaine" (ein Hormonpräparat, das Fehlgeburten verhindern soll) weiterhin einzunehmen. Bedeutungsvoll hält er das Reagenzglas mit der blauen Flüssigkeit gen Himmel und während er es austrinkt, ist durch das Wohnzimmerfenster ein Gewitter, begleitet von heftigem Blitz und Donner, zu sehen. Die klassische Emblematik des Horrorfilms wird allerdings sofort durch eine Musikeinspielung aus dem Off ironisch gebrochen, wenn das heitere musikalische Grundthema des Soundtracks erklingt.

[39] Arnold Schwarzenegger hat aus seiner politischen Überzeugung nie ein Geheimnis gemacht. Zwischen 1990 und 1993 setzte er sich aktiv für die Republikaner im Wahlkampf ein und unterstützte sie z. B. in Werbespots.

meint ist die mit den neuen Reproduktionstechnologien sich eröffnenden Möglichkeiten, den Vater zum anonymen Samenspender zu regredieren, wenn beispielsweise eine konzeptionswillige Frau sich entweder im Labor medizinisch inseminieren oder sich einen in vitro gezeugten Embryo einpflanzen läßt (Lenzen 1991: 240).

In diesem Kontext wird die männliche Angst vor Status- und Kontrollverlust besonders deutlich: Von den neuen Reproduktionstechnologien geht eine potentielle Bedrohung aus, denn sie ermöglichen es der Frau, den Mann seiner Fortpflanzungsfunktion zu berauben. Diese Ängste werden in *Junior* aufgefangen und gleichzeitig abgewendet, denn der Film formuliert durch die Umkehrung der Elternrollen eine deutliche Botschaft, die sowohl den Schutz des männlichen Rechts als auch die Stärkung der väterlichen Position verkündet. Lynne Segal weist darauf hin, dass die Forcierung patriarchaler Privilegien in den vergangenen Jahren besonders durch die Gründung verschiedener politischer Gruppierungen und Interessensvertretungen, die sich für die Rechte des Vaters einsetzen, zu Tage getreten ist: "The new emphasis on the importance of fathering has not just been the result of a gradual ideological shift. Significant pressure groups are hard at work seeking legal changes to strengthen paternal rights over children following separation or divorce, and even foetuses inside women's bodies" (Segal 1990: 51). Diese Entwicklung ist jedoch nicht unproblematisch, da sie mit einer Stärkung der männlichen Dominanz einhergeht: "The contemporary reinforcement of fatherhood is problematic insofar as it can be used to strengthen men's control over women and children, in a society where men are already dominant socially, economically and politically" (Segal 1990: 51). Auch Tania Modleski stellt in ihrer Analyse des Films *Three Men And A Baby* fest, dass die Betonung und Behauptung der Vaterschaft auf Kosten der Frau vor sich geht:

> It is possible, the film shows, for men to respond to the feminist demand for their increased participation in childrearing in such a way as to make women more marginal than ever. [...] The effect [...] is simply to give men more options than they already have in patriarchy: they can be real fathers, 'imaginary' fathers, godfathers, *and* [sic], in the older sense of the term, surrogate mothers (Modleski 1988: 80).

Diese Tendenz kann sich laut Modleski bis zu einer Fantasie der "male usurpation of women's reproductive function" (Modleski 1988: 73) steigern, ein Szenario, das in *Junior* keine Utopie, sondern eine reale Option zu sein scheint.

Stellt die Imagination des Mannes, der Vater und Mutter zugleich sein kann und damit eine Form der Elternschaft propagiert, die auf der Exklusion der Frau basiert, das neue Zukunftsmodell dar? Der Film *Junior* setzt deutliche Akzente, um dieser Vorstellung entgegenzuwirken. Dr. Hesses biogenetisch manipulierte Schwangerschaft wird nicht isoliert präsentiert, sondern in den Kontext zweier "natürlicher", also weiblicher Schwangerschaften gerückt[40]. Für David Thomson stellt die Inszenierung der natürlichen Schwangerschaft und Geburt eine emotionale Komponente dar, die Schwarzeneggers liebevolle Beschäftigung mit seinem Bauch bei weitem übertrifft: "Yet *Junior* has one scene of raw emotional force. It comes when Pamela Reed has her baby (there is this merciful subplot of a 'natural' pregnancy). [...] It's a measure of such work that it can let wonder show" (Thomson 1995: 24-25). Zudem zeigt sich in *Junior* eine weitere auffällige Wandlung innerhalb des Schwarzenegger-Images: Dr. Hesse wird eine beachtliche Sprechrolle zugestanden; er tritt in einen ausgedehnten Dialog nicht nur mit Männern, sondern auch, und zwar in extensiverer Weise, mit Frauen. Mit ihnen kann er all jene Dinge besprechen, für die sein Kollege Dr. Arbogast kein Verständnis hat, und so wird Dr. Hesse nicht nur mit seiner Kollegin Dr. Diana Reddin präsentiert, die er in wissenschaftliche Gespräche verwickelt, sondern auch im Wartezimmer von Dr. Arbogast, wo er sich mit den schwangeren Patientinnen austauscht ("Wie weit sind Sie? Wissen Sie schon, was es wird?"), mit Angela, die Verständnis für seine Stimmungsschwankungen und seltsamen Essgelüste hat, und mit den werdenden Müttern des Schwangerschaftssanatoriums "Casitas Madres", denen er seine Ängste vor der Geburt anvertraut.

In seinen vorherigen Filmen (dazu gehört auch *Twins*) war Schwarzenegger nicht unbedingt durch Eloquenz aufgefallen; die Sprachlosigkeit war integrativer Teil seines Starimages. Georg Seeßlen konstatiert: "Der extensivierte Männerkörper [...] zeigt sich bei Schwarzenegger nicht zuletzt als praktizierte Sprachkritik. [...] So wie

[40] Sowohl Angela, die Ex-Frau Dr. Arbogasts, als auch Diana, die wissenschaftliche Kollegin Dr. Hesses, werden als werdende Mütter inszeniert. Während der Zuschauer Angelas Schwangerschaft von ihrem Beginn bis zur Geburt mitverfolgt, präsentiert Diana mit ihrem schwangeren Bauch in der Schlusssequenz des Films den Blick in die Zukunft. Sie wird nicht mehr auf die Funktion der anonymen Eizellenspenderin für Dr. Arbogasts und Dr. Hesses Experiment reduziert, sondern erobert die Domäne der biologischen Mutterschaft zurück.

Schwarzenegger ganz Körper ist, so ist er auch Nicht-Sprache." (Seeßlen 1996: 23). Annette Brauerhoch bestätigt diesen Eindruck und beschreibt die Sprachverweigerung als ein Moment, das insbesondere in 'männlich' kodierten Genres (Actionfilme, Western, Gladiatorenfilme) zu beobachten sei:

> Das Schweigen als Kommunikationsform unter Männern ist bekannt, war schon immer ein Machtmittel gegenüber Frauen, im Film wie in der Realität. [...] Selbst wenn keine schweigende Übereinkunft vorliegt, hat, statt vieler Worte, oft eine anständige Schlägerei die Atmosphäre gereinigt und in den meisten Fällen sogar die dicksten Kameradschaften erzeugt, und auch darin liegt eine schweigende Übereinkunft (Brauerhoch 1986: 24).

Brauerhoch begreift die Sprachlosigkeit als letzte Bestätigung einer essentiellen Männlichkeit. Für sie "stellt das Schweigen der Helden den trotzigen Versuch dar, die Illusion vom 'vollständigen, unabhängigen, omnipotenten' Ich zu erhalten" (Brauerhoch 1986: 25). Zudem zeige sich in der Sprachverweigerung der Helden eine Taktik, die sich gegen Frauen wendet: "Ihre Schweigsamkeit soll zum einen Überlegenheit und Entschlossenheit ausdrücken und ist zum anderen eine Kommunikationsform, die sich eindeutig gegen Frauen definiert und sie aus diesem Kampf um Macht, Anerkennung und Erfolg ausschließt" (Brauerhoch 1986: 24). In *Junior* verlässt Schwarzenegger den Bereich der Schweigsamkeit bzw. der rudimentären Sprache und findet eine neue Kommunikationsform: den Dialog mit der Frau. Gerade in dieser Modifikation des Starimages zeigt sich ein Eintreten für die Liberalisierung des traditionellen Geschlechterverhältnisses.

In seiner Untersuchung *Man Enough. Embodying Masculinities* stellt Victor Seidler fest, dass die Stabilität der männlichen Geschlechtsidentität in den 90er Jahren insbesondere durch eine Beziehungslosigkeit von Körper und Gefühlen bedroht sei: "The lives of men were impoverished through the disconnections they had to make with their bodies and emotions" (Seidler 1997: 5). Susan Jeffords bestätigt diesen Befund und weist die von Seidler beobachtete Tendenz anhand zahlreicher Hollywoodfilme der 90er Jahre nach:

> One of the plot features of a number of nineties films is a discovery by the male lead that his body has failed him in some way [...]. The body that he thought was 'his', the body he had been taught to value as ful-

> filling some version of a masculine heroic ideal – suddenly that body became transformed into a separate entity that was betraying the true internal feelings of the man it contained (Jeffords 1993: 201).

Das Virilitätsideal des Actionkinos der 80er Jahre sowie die filmischen Männlichkeitspräsentationen, die "eine Regression in infantile Omnipotenzphantasien bedienen [und] ein letztes hysterisches Festhalten am männlichen Herrschaftsprinzip" (Brauerhoch 1986: 25) suggerieren, werden in den 90er Jahren zum Problem: "Masculinity has been betrayed by its own cultural imagery: what men thought they were supposed to be – strong, protective, powerful, commanding – has somehow backfired and become their own evil curse" (Jeffords 1994: 153). Ist das in *Junior* mehrfach präsentierte zärtliche Streicheln und die stolze Exponierung des schwangeren Bauches die Versöhnung des Mannes mit seinen eigenen Gefühlen? Stellt die deutlich betonte Emotionalität des werdenden Vaters einen Ausweg aus der von Jeffords beschriebenen Körperkrise dar?

Der Film *Junior* präsentiert ein ambivalentes Verhältnis zur Körperlichkeit: Sowohl die Muskeln als auch der schwangere Bauch sind zwar Teile des fleischlichen Körpers; sie werden jedoch als artifizielle Aufpfropfungen inszeniert, als Aufsätze, die nicht von vorneherein vorhanden sind. Weder die zuerst im Fitness- und dann im Filmstudio produzierten Muskeln noch der im Labor gezeugte Embryo können als Hinweise auf eine essentielle Körperlichkeit verstanden werden – vielmehr zeigt sich in ihnen der maskenhafte Status des männlichen Körpers besonders deutlich: "Was die letzte Authentizitätsreserve schien, dieser Männerkörper, der aus Techniken zum Aufbau von Muskelmasse entstanden ist, erweist sich als die größte aller Lügen" (Seeßlen 1996: 31). Nach Judith Butler ist die Materialität des Körpers nichts anderes als eine Fabrikation innerhalb des Geschlechterdiskurses. Sie geht davon aus, dass "der Körper kein 'Seiendes' ist, sondern eine variable Begrenzung, eine Oberfläche, deren Durchlässigkeit politisch reguliert ist, eine Bezeichnungspraxis in einem kulturellen Feld der Geschlechter-Hierarchie" (Butler 1992: 204). Auch Donna Haraway betont, "daß Sex [das körperliche Geschlecht] eine soziale Konstruktionsgeschichte hat und dementsprechend keine essentialistische Größe darstellt" (Haraway 1995: 14). Das bedeutet, dass der Körper "nicht mehr als ontologischer Garant, Ressource oder Rohmaterial konzipiert werden kann, an dem sich die historischen Transformationen des Geschlechts (Gender) wie auch immer vollziehen. Die 'biologische Entität'

Sex ist selbst in Bewegung geraten" (Haraway 1995: 16). Eine monolithische Geschlossenheit des Körpers kann nicht länger angenommen werden, denn auch Körper sind historischen und soziokulturellen Wandlungsprozessen unterworfen: "Far from having stable, immutable properties and potentialities, bodies are shown to be highly variable – both historically and culturally" (Petersen 1998: 11). Auch Marie-Luise Angerer lehnt die Vorstellung vom Körper als essentielle, in sich geschlossene Kategorie ab. Vielmehr geht sie dazu über, "den Körper als 'leeres Bild' zu bestimmen, das die medialen Apparate 'braucht', um sich zu 'füllen', sich zu aktualisieren" (Angerer 2000: 303). Schwarzeneggers filmisch repräsentierte Körperlichkeit kann in diesem Sinne nicht als physische Realität vorausgesetzt werden, sondern muss vielmehr als eine medial vermittelte Aussage über Körperkonzepte begriffen werden. Der muskelgestählte Körper, Schwarzeneggers Markenzeichen und der Kern seines Starimages, kann nicht als Essenz, als zugrunde liegende Biologie einer archetypischen Männlichkeit verstanden werden. Vielmehr deutet er auf ein Spannungsfeld hin, in dem Realität und Fiktion, Maske und Maskierter nicht mehr ohne weiteres als distinkte Größen voneinander zu trennen sind. Der virile Held taucht ein "in immer neue Wechselbäder von Identität und Rollenspiel, Intimisierung und Öffentlichkeit, Originalität und Spiegelung. Schwarzenegger-Filme sind einerseits (in der Regel) Filme über das Verhältnis von Körper und Gesellschaft, andererseits aber [...] sind es Filme über die gefälschten Bilder der Welt" (Seeßlen 1996: 31)[41].

Die in *Junior* präsentierte männliche Schwangerschaft stellt eine deutliche Abkehr von der scheinbar monolithischen Maskulinität des Actionkinos dar. Nach Judith Butler ist die Vorstellung einer stabilen, in sich geschlossenen Identität selbst schon ein Konstrukt: "'Kohärenz' und 'Kontinuität' der 'Person' sind keine logischen oder analytischen Merkmale der Persönlichkeit, sondern eher gesellschaftlich instituierte und aufrechterhaltene Normen der Intelligibilität" (Butler 1992: 38). In der Darstellung des schwangeren Mannes zeigt sich die filmische Konstruktion eines Hybrids, das die Dichotomie weiblich versus männlich in radikaler Weise in Frage stellt. Nach

[41] Die Frage der Identität spielt in den Schwarzenegger-Filmen von jeher eine wichtige Rolle. Es ist bemerkenswert, wie häufig der Protagonist seine Vergangenheit vergisst, seine Identität verliert oder in eine andere Rolle schlüpft. In dem Film *The Terminator* (1984) beispielsweise erscheint er als ein identitätsloses maschinenähnliches Wesen, das aus der Zukunft in die Vergangenheit geschickt wird, in *True Lies* (1993) spielt er seiner Frau eine falsche Identität vor und in *Eraser* (1996) wird er zum Wächter des Identitätswechsels von Menschen, die vor Gericht gegen das Verbrechen aussagen und in einer neuen Identität geschützt werden sollen.

Irmela Schneider zeigen solche Hybridisierungsprozesse, "daß soziale wie kulturelle Verhältnisse zunehmend durch Mischungen und Durchdringungen gekennzeichnet sind" (Schneider 1997a: 7). Vorstellungen von Homogenität und monolithischer Geschlossenheit werden somit aufgebrochen; die Kategorie des Hybriden gibt vielmehr Anstöße, "ein Denken in Vermischungen, Verkettungen, in Netzen zu entfalten" (Schneider 1997a: 7).

In *Junior* zeigt sich nicht nur die ironische Selbstreferenz Schwarzeneggers, der durch die stolze Präsentation eines schwangeren Bauches sein eigenes Starimage demontiert. Mehr noch: Der Film weckt implizit die Vorstellung einer Form der Geschlechtsidentität, die den Körper nicht mehr als ontologischen Rückzugsort begreift, sondern ihn als eine Größe bestimmt, die – ebenso wie die Geschlechtsidentität selbst – nicht starr und unveränderlich, sondern variabel und wandelbar erscheint.

VI. Schlussbetrachtung

Die Frage der Männlichkeitsrepräsentation ist nach wie vor ein zentrales kulturell-gesellschaftliches Thema, wie George L. Mosse feststellt: "Bilder der Maskulinität, d. h. Bilder, in denen Männer ihre Männlichkeit inszenieren, sind in unserer Kultur noch immer vorherrschend" (Mosse 1997: 247). In den letzten beiden Jahrzehnten hat sich mit den *Men's Studies* eine Forschungsrichtung entwickelt, die den Mann zum wissenschaftlichen Untersuchungsobjekt erhebt und die sich mit der kritischen Analyse von Männlichkeitsbildern und –stereotypen auseinandersetzt. Die Betrachtung dieses neuen Forschungskomplexes hat gezeigt, dass die Männerforschung keineswegs als homogene Disziplin betrachtet werden kann, sondern dass sie viele verschiedene Ansätze und Richtungen in sich vereinigt. Die Vielzahl von methodischen Ansätzen und ideologischen Perspektiven verdeutlicht, dass die aktuelle Männlichkeitskritik mit unterschiedlichen Erkenntnisinteressen und in unterschiedlichen politischen Kontexten betrieben wird. Während beispielsweise die Profeministen die Demontage von heroischen Männlichkeitskonzepten sowie die Überwindung patriarchaler Strukturen anstreben, lehnen die Anhänger der konservativen Richtung die Forderung nach weniger rigiden Geschlechtsrollen ab und propagieren stattdessen einen klaren Geschlechterbinarismus. Einige Forscher beschäftigen sich speziell mit marginalisierten Männlichkeitsmodellen und formieren sich in der afroamerikanischen bzw. in der homosexuellen Richtung der Männerforschung. Sie gehen davon aus, dass gesellschaftlich institutionalisierte Formen des Rassismus bzw. der Homophobie als Strukturmerkmale der dominanten Männlichkeit angesehen werden können und streben die Dekonstruktion hegemonialer Männlichkeitskonzepte an. Die Anhänger der mythopoetischen Richtung hingegen betonen im Anschluss an die Psychoanalyse Jungs die Verbindung von Männlichkeit mit Archetypen des Unterbewussten und fordern eine Rückbesinnung auf alte Mythen und Rituale der Männlichkeit. Die zentrale Erkenntnis der sozialistischen Richtung besteht in der Feststellung, dass dominante Männlichkeitsmodelle hauptsächlich durch die kapitalistische Gesellschaftsform produziert und aufrecht erhalten werden. Die jüngste, christlich orientierte Forschungsrichtung verfolgt religiös-konservative Ziele, vertritt antifeministische Positionen und fordert die Rekonstitution des traditionellen Patriarchats.

Die Synopsis der unterschiedlichen Ansätze und Richtungen innerhalb der *Men's Studies* verdeutlicht nicht nur die augenscheinliche Divergenz von Forschungskonzepten; sie weist ebenso auf eine signifikante Gemeinsamkeit hin: die Konzentration auf das männliche Geschlecht als exklusiven Untersuchungsgegenstand. Dieser atavistische Ansatz birgt die Gefahr der Ahistorizität, da er dazu neigt, die männliche Geschlechtsidentität als einzige determinierende Analysekategorie vorauszusetzen und andere kulturelle Komponenten auszublenden. Die kritische Analyse von Männlichkeitskonzepten kann jedoch nur dann erfolgreich durchgeführt werden, wenn sie männliche Subjektivität nicht als ein essentielles Prinzip begreift, sondern das Zusammenspiel von Männlichkeit mit anderen wichtigen Kategorien wie Klasse und Ethnizität unter Berücksichtigung des jeweiligen historischen und kulturellen Kontextes betont. Die männliche Geschlechtsidentität ist insofern als ein kompositorischer Begriff zu verstehen, als dass sie niemals als ein festes Produkt, sondern vielmehr als ein fließender Prozess erscheint, der sich aus der Kombination vielfältiger kultureller Segmente ergibt.

Die Untersuchung der Darstellung von Vaterfiguren des Hollywoodkinos setzt eine kritische Analyse der medialen Vermittlung von Männlichkeitskonzepten voraus. Ein Schlüsseltext für die filmtheoretische Auseinandersetzung mit Männlichkeit war Laura Mulveys Aufsatz "Visual Pleasure and Narrative Cinema" (1975), der sich eingehend mit der Dichotomisierung von männlich-aktivem Schauen und weiblich-passivem Angeschautwerden auseinandersetzte. Gegen Mulveys Konzept, das das männlich-heterosexuelle Subjekt zur ideologischen Quintessenz des klassisch-narrativen Films macht, ist in den letzten Jahren verstärkt Einspruch erhoben worden. Siegfried Kaltenecker beschreibt diese Entwicklung, wenn er von einem Blickwechsel spricht, "durch den im Laufe der 80er Jahre sowohl die ideologische Geschlossenheit des Erzählkinos als auch die Homogenität seiner Männlichkeitsrepräsentationen radikal in Zweifel gezogen wurden" (Kaltenecker 1996: 11). Theoretiker wie Steve Neale, Chris Holmlund oder Kaja Silverman kritisierten Mulveys monolithische Konstruktion eines unerschütterlichen Kinofundaments und forderten eine Neubewertung der filmspezifischen Männlichkeitsrepräsentation. Zu den wichtigsten Ergebnissen kann gezählt werden, dass das Spektakel des männlichen Protagonisten sowohl von femininen als auch von homosexuellen Elementen durchsetzt wird, dass es sich genauso narzisstisch wie die Weiblichkeitsdarstellung präsentiert und dass es auch den voyeuristischen Blicken anderer Männer dargeboten werden kann. Die aktuellen Ansätze der filmtheoretischen Männlichkeitsreflexion haben zu einem neuen Verständnis der ideologischen Brüchigkeit des klassischen Erzählkinos geführt. Sie verdeutlichen zudem, dass die kinematographische Konstruktion von Geschlechtsidentitäten nicht als eindeutiges, in sich geschlossenes Produkt zu begreifen ist, sondern als heterogener Repräsentationsprozess.

Den Ausgangspunkt für die Analyse von filmischen Vaterfiguren im Hollywoodkino der 90er Jahre bildet die Untersuchung der Vaterfilme der 80er Jahre. Die gesellschaftlich-kulturellen Umstrukturierungen der letzten Jahrzehnte, zu denen insbesondere die zunehmende Bürokratisierung der Arbeit, technische Innovationen sowie die steigende Beteiligung der Frau auf dem Arbeitsmarkt zu rechnen sind, haben zu einem neuen Verständnis der Geschlechterrollen geführt. Der Wechsel innerhalb des traditionellen Geschlechterverhältnisses stellt zudem patriarchal etablierte Konzeptionen der Familienstruktur in Frage: "The actual symbolisms of patriarchy are breaking up [...] The family, sexual relations, child-rearing – all of those hitherto taken for granted aspects of modern society are under scrutiny" (Horrocks 1994: 64). Im Zuge der schrittweisen Auflösung traditioneller Geschlechterkonzeptionen setzte sich in den USA im Laufe der 80er Jahre ein konservativer *backlash* durch, der sich in Ronald Reagans restriktiver Familienpolitik manifestierte. Diese Tendenz ging nicht spurlos am Hollywoodkino vorbei: "Hollywood negotiated the rightward turn circumspectly, paying particular attention to its implications for gender identities. Mass-mediated versions of masculinity and femininity incorporated a range of cultural trends and recomposed them into patterns that were aimed at particular audiences" (Traube 1992: 138). Insbesondere spezifisch männliche Ängste des patriarchalen Machtverlustes, die mit der Restrukturierung des klassischen Familienmodells einhergehen, sollten in den Hollywoodfilmen der 80er Jahre kompensiert werden. Die Reinstitution patriarchaler Macht zeigte sich durch die boomartige Verbreitung von Filmen, deren zentrale Protagonisten fürsorgliche, liebevolle Väter waren. *Kramer vs. Kramer* (1979), *Mr. Mom* (1983) oder *Three Men and a Baby* (1987) sind Beispiele für Filme, die zur Ausbildung eines neuen emotionalen Vatertypus beitrugen. Die narrative Ausgangssituation der Filme etablierte zumeist ein Szenario, in dem den Vätern die Aufgabe der Kinderbetreuung erst durch die Flucht der Mutter zukommt. Die Reformulierung des Vaterbildes ging somit einher mit der Stigmatisierung der ambitionierten Karrieremutter, die durch die Konzentration auf ihr berufliches Vorankommen die Erziehung der Kinder vernachlässigt. Beruflich erfolgreiche, unabhängige Frauen stellen eine Bedrohung des dominanten Männlichkeitsideals dar – und werden deshalb bestraft. Die Lücke, die durch die Verdrängung der karriereorientierten Frau entsteht, wird durch den neuen, häuslichen Vater gefüllt, der zum Retter des Kindes vor der verantwortungslosen Mutter avanciert.

Im Gegensatz zu dem homogenen, in sich geschlossenen Vaterideal der 80er Jahre zeigen sich in der Darstellung der Vaterfiguren im Hollywoodkino der 90er Jahre neue Tendenzen. Das *pattern* des liebevollen und fürsorglichen Vaters wird modifiziert und weiter entwickelt, die Repräsentationsformen des Vaters gehen über eindimensionale Stereotype hinaus. Am Beispiel von *Look Who's Talking* zeigt sich deutlich, dass das populäre amerikanische Kino der 90er Jahre anders auf die finanzielle Unabhängigkeit der Frau antwortet. Mollie, die Protagonistin des Films, wird als beruflich erfolgreiche Mutter präsentiert. Im Gegensatz zu den Müttern des 80er Jahre Hollywoodfilms wird diese Eigenschaft jedoch nicht negativ konnotiert und fungiert auch nicht als Bedrohung des Kindes. Weiterhin wird der Vater nicht als alleinige, rettende Bezugsperson des Kindes inszeniert, sondern vor allem als Partner der Mutter. *Look Who's Talking* präsentiert ein Familiensystem, das nicht durch eine rigide Aufteilung der Geschlechterrollen strukturiert wird, sondern etabliert ein Modell, in dem sich die Eltern die Kindererziehung teilen; eine Aussage, die nach Elizabeth Traube für die Progressivität des Films im Vergleich zu seinen Vorgängern der 80er Jahre spricht: "*Look Who's Talking* seems to me to deserve credit [...] for depicting genuinely shared parenting rather than single male mothering and for its playful subversion of its own generic antecedents" (Traube 1992: 165). Zudem betrachtet der Film Männlichkeit und Väterlichkeit nicht als naturgegebene Größen, sondern als Konstrukte, die durch das Zusammenspiel unterschiedlicher Variablen strukturiert werden. Dies zeigt sich insbesondere durch die Präsentation der Kategorie *Class*, die eine wichtige Bezugsgröße im Zusammenhang mit der Formulierung von Vaterschaftskonzepten darstellt. In *Look Who's Talking* wird die traditionelle Definition väterlicher Funktionen, die für den Vater die Rolle des Brotverdieners und ökonomischen Versorgers vorsieht, neu bewertet. Der biologische Vater Albert, der dem Kind durch seine guten Verdienstmöglichkeiten finanzielle Sicherheit gewährleisten könnte, wird durch seine Managerattituden als oberflächlicher Yuppie bloßgestellt.

Der Ersatzvater James hingegen, der durch seinen Taxifahrerjob finanziell deutlich schlechter gestellt ist als Albert, wird von Mollie bevorzugt, weil er bereit ist, sich die Kindererziehung mit ihr zu teilen. Durch die Präsentation und Gegenüberstellung der beiden Vaterfiguren wird deutlich, dass die Funktion sozialer Klassen nicht nur in Zusammenhang mit Männlichkeitskonzepten, sondern auch für die Formulierung von Vaterschaftsmodellen von besonderer Bedeutung ist.
Das neokonservative politische Klima der 80er Jahre bewirkte eine Marginalisierung der afroamerikanischen Perspektive im Hollywood der Reagan-Ära. Zwar wurden Filme mit schwarzen Stars wie z. B. Eddy Murphy produziert, eine ernsthafte Auseinandersetzung mit der afroamerikanischen Wirklichkeit fand jedoch nicht statt. Zudem schien sich die Toleranz des weißen Publikums nur auf bestimmte Repräsentanten der schwarzen Bevölkerung zu beziehen: "White acceptance extended only to talented, elite blacks, not to the vast majority of the black population" (Quart/Auster 1991: 169). Zu Beginn der 90er Jahre setzt sich ein signifikanter Paradigmenwechsel durch: Es gelingt einer Reihe von schwarzen Filmemachern wie z. B. Spike Lee, John Singleton oder Mario van Peebles, sich den Eintritt zum Produktionssystem Hollywoods und damit den Zugang zum Mainstreamkino zu erkämpfen. Erstmals fanden afroamerikanische Filmemacher nicht nur auf dem heimischen Markt, sondern weltweit Beachtung. Mit ihren Filmen kreierten sie eine neue Ästhetik, die die alltägliche Lebenswirklichkeit der schwarzen Bevölkerung auf realistische Weise präsentieren sollte. Damit zeigte sich ein Bruch des Schweigens, in das das dominante Kino in den 80er Jahren die Rassenbeziehungen gehüllt hatte. Die Repräsentation des Vaters war für viele Filme von entscheidender Bedeutung, die Ausbildung eines homogenen schwarzen Vaterbildes konnte jedoch nicht beobachtet werden. In John Singletons Gettofilm *Boyz N the Hood* (1991) fungiert der Vater als starkes Vorbild und Rollenmodell, der seinen Sohn die Regeln im Überlebenskampf des Gettoalltags lehrt. Die zentrale Rolle des Vaters hat jedoch den Ausschluss der Mutter zur Folge, die in dem Film als überforderte, unfähige Erzieherin präsentiert wird. Hier zeigt sich eine Nähe zu den Vaterfilmen der 80er Jahre: Auch Singleton strebt eine Redefinition von traditionellen Männlichkeitskonzepten an; die Konstitution einer neuen afroamerikanischen Autorität, die durch das Bild des Vaters vermittelt wird, entsteht jedoch auf Kosten einer weiblichen Perspektive. Singleton gelingt es, die Alltagswelt eines Großstadtgettos glaubwürdig zu vermitteln; die Konstruktion eines eindimensionalen

Vorbildvaters sowie die Konzentration auf fast ausschließlich männliche Handlungsträger führen jedoch zu einer verkürzten Sichtweise, die die Bedeutung der relationalen Beziehung der Geschlechter unberücksichtigt lässt. Eine andere Perspektive eröffnet Spike Lee mit seinem Film *Jungle Fever* (1991). Hier wird der Vater nicht als unfehlbarer Held präsentiert, sondern als ein Mann, der durch die Affäre mit einer weißen Frau seine Ehe und sein Familienleben zerstört. Spike Lee bettet die Präsentation eines interrassischen Liebespaares in ein kulturelles Spannungsfeld unterschiedlicher Ethnizitäten ein. Diese Blickrichtung ermöglicht eine komplexe Darstellung der afroamerikanischen Männlichkeit, die die Labilität sowohl ethnischer als auch geschlechtlicher Kategorien offenlegt und die Ambivalenz im Zusammenspiel von kulturellen und gesellschaftlichen Komponenten betont.
Eine weitere wichtige Entwicklung der 90er Jahre, die eine Abkehr von der eindimensionalen Vaterkonzeption der 80er Jahre darstellt, ist die zunehmende Einbeziehung von Körperkonzepten im Zusammenhang mit der Männlichkeitsrepräsentation. *Mrs. Doubtfire* (1993) und *Junior* (1994) sind Beispiele für Filme, in denen das klassische Virilitätsideal des Hollywoodkinos durch ein neues Körperverständnis unterlaufen wird. In *Mrs. Doubtfire* zeigt sich ein qua Verkleidung inszenierter Geschlechtertausch, der zunächst an konventionelle Muster der Verwechslungskomödie erinnert. Interessant ist jedoch, dass in diesem Film

> die Geschlechtermaskerade nicht allein mittels Kleidung, sondern mit Hilfe eines veritablen Ersatzkörpers inszeniert wird, der eine Art physisches Verschmelzen, ein Morphing mit dem anderen Geschlecht suggeriert und der sich signifikant von den unschuldigeren Versatzstücken des Genres wie wattierten Büstenhaltern und Perücken absetzt (Warth 1995: 124).

Die Verwandlung des Vaters in das perfekte Kindermädchen Mrs. Doubtfire verdeutlicht, dass der Körper nicht als starre, unveränderbare Entität präsentiert wird, sondern dass er als modellierbare, variable Größe erscheint. Parallel zur Feminisierung des Vaters wird die Maskulinisierung der Mutter dargeboten – freilich mit dem Unterschied, dass sie negativ gezeichnet und nicht honoriert wird. Die Folge ist ein Ungleichgewicht in der Bewertung der Geschlechtertransgression: "Although the liberal construction of gender identities was chiasmic, the crossover was assymetric and strengthened the masculine position at the expense of the feminine" (Traube 1992:

142). Letztendlich werden in *Mrs. Doubtfire* traditionelle Machtstrukturen eher bestätigt als subversiv unterlaufen. Gleichzeitig dient der Film der Affirmation eines Familienmodells, das den Vater durch seine dominante Position gegenüber der Mutter privilegiert. Der Film *Junior* inszeniert mit der Darstellung eines schwangeren Mannes eine Situation, in der das Konzept Vaterschaft nicht auf ein bestimmtes Rollenverhalten beschränkt wird, sondern auch auf körperliche Kategorien ausgedehnt wird. Diese Präsentation erscheint umso radikaler, wenn man den eklatanten Imagewechsel des Hauptdarstellers Arnold Schwarzenegger bedenkt, der sich vom supervirilen Muskelhelden der 80er Jahre zum feminisierten Mann der 90er Jahre wandelte. Körperlichkeit ist nach wie vor ein Schlüsselmoment innerhalb Schwarzeneggers Star Persona, jedoch zeigt sich eine Entwicklung vom Spektakel der körperlichen Gewalt und Brutalität, das die Actionfilme der 80er Jahre kennzeichnete, hin zum Spektakel des männlichen Individualismus der 90er Jahre. Die körperbetonte Inszenierung des schwangeren Mannes stellt die Präsentation eines muskulösen nackten Oberkörpers sowie die eines liebevoll gestreichelten schwangeren Bauches gleichberechtigt nebeneinander. In dieser Darstellung zeigt sich die visuelle Konstruktion eines Hybrids, das als Produkt einer Verbindung zwischen zwei distinkten, als gegengeschlechtlich signifizierten Größen an Bedeutung gewinnt. Claudia Breger bezeichnet diese Art der Kreuzung als einen "Raum konfliktueller Koexistenz geschlechtlicher Performanzen innerhalb gelebter Subjektivität" (Breger 1999: 72). Es wird deutlich, dass der Körper nicht als Garant einer essentiellen Geschlechtsidentität konstruiert wird, sondern dass sein Status durch Ambivalenz und Inkongruenz gekennzeichnet ist.

Die Diskussion der Darstellung von Vaterfiguren im Hollywoodkino der 90er Jahre hat gezeigt, dass sowohl die filmische Konstruktion von Männlichkeit als auch die medial vermittelte Konzeption der väterlichen Rolle als Prozesse zu verstehen sind, die durch die Komposition unterschiedlicher kultureller Komponenten strukturiert werden. Der Vergleich mit den Vaterrepräsentationen des Hollywoodfilms der 80er Jahre macht deutlich, dass kulturelle Normen einem ständigen Wechsel unterworfen sind. Dabei spielen sowohl diskursspezifische als auch sozialgeschichtliche Elemente eine Rolle. In den 90er Jahren zeigen sich durch die dezidierte Darstellung der Kategorien *Class, Race, Sex* und *Gender* bestimmte Tendenzen, die die scharfen Konturen traditioneller Männlichkeitskonzepte aufweichen. Während das Hollywoodkino der 80er Jahre ein relativ homogenes Vaterbild entwarf, das den Vater stets als überlegenen Helden präsentierte, zeigt sich in den 90er Jahren, dass die monolithische Konstruktion traditioneller Virilitätsideale brüchig geworden ist. Männlichkeit und Väterlichkeit sind als das Resultat einer Kombination von verschiedenen Männlichkeitsattributen mit anderen soziokulturellen Variablen zu ver-stehen – als eine Konzeption, die auf der Modellierbarkeit und Wandelbarkeit unterschiedlichster kultureller Kategorien beruht.

Literaturverzeichnis

- Ang, Ien und Roger Bromley (Hrsg.). 1998. *Cultural Studies. Grundlagentexte zur Einführung*. Lüneburg: Zu Klampen-Verlag.
- Angerer, Marie-Luise. 2000. "Wo trifft der Körper sein Bild?". In: Faßler 2000, 303-311.
- Babb, Valerie Melissa. 1998. *Whiteness Visible. The Meaning of Whiteness in American Literature and Culture*. New York: New York University Press.
- Badinter, Elisabeth. 1997. *Die Identität des Mannes. Seine Natur, seine Seele, seine Rolle*. München, Zürich: Piper.
- Barker, Chris. 2000. *Cultural Studies. Theory And Practice*. London: Sage.
- Bassett, Drew. 1998. "Muskelmänner. Stallone, Schwarzenegger und die Entwürfe des Maskulinen". In: Felix 1998, 93-114.
- BauSteineMänner (Hrsg.). 1996. *Kritische Männerforschung. Neue Ansätze in der Geschlechtertheorie*. Berlin, Hamburg: Argument-Verlag.
- Benedek, Susanne und Adolphe Binder. 1996. *Von tanzenden Kleidern und sprechenden Leibern. Crossdressing als Auflösung der Geschlechterpolarität?* Dortmund: Edition Ebersbach im eFeF-Verlag.
- Berger, Maurice und Brian Wallis und Simon Watson (Hrsg.). 1995. *Constructing Masculinity*. New York, London: Routledge.
- Berry, Venise T. 1992. "From *Good Times* to *The Cosby Show*: Perceptions of Changing Televised Images Among Black Fathers and Sons". In: Craig 1992: 111-124.
- Bhabha, Homi K. 1994. *The Location Of Culture*. London, New York: Routledge.
- Blankenhorn, David. 1995. *Fatherless America. Confronting Our Most Urgent Social Problem*. New York: Basic Books.
- Bly, Robert. 1990. *Iron John*. New York: Addison-Wesley Publishing Co. Inc.
- ___. 1996. *The Sibling Society*. London: Hamish Hamilton.
- Bogle, Donald. 1994. *Toms, Coons, Mulattoes, Mammies, & Bucks. An Interpretive History of Blacks in American Films*. Oxford: Roundhouse.
- Bordwell, David. 1985. *Narration in the Fiction Film*. Madison, Wisconsin: University of Wisconsin Press.

- Brauerhoch, Annette. 1996. *Die gute und die böse Mutter. Kino zwischen Melodrama und Horror.* Marburg: Schüren Presseverlag.
- ___. 1986. "Glanz und Elend der Muskelmänner. Konfrontation mit einem Genre". *Frauen und Film* 40 (1986), 20-26.
- Braun, Rainer. 1991. "Jungle Fever". *Film und Fernsehen* 19 (8-9), 31.
- Breger, Claudia. 1999. "'Gekreuzt' und *queer*. Überlegungen zur Rekonzeptionalisierung von *gender,* Ethnizität und Sexualität". In: Röttger/Paul 1999, 66-85.
- Brod, Harry (Hrsg.). 1987. *The Making of Masculinities.* Boston: Allen & Unwin.
- Brod, Harry und Michael Kaufman (Hrsg.). 1994. *Theorizing Masculinities.* London, Thousand Oaks, New Delhi: Sage Publications.
- Bronfen, Elisabeth und Therese Steffen und Benjamin Marius (Hrsg.). 1997. *Hybride Kulturen. Beiträge zur angloamerikanischen Multikulturalismusdebatte.* Tübingen: Stauffenberg Verlag.
- Brunotte, Ulrike. 1998. "Helden, Cyborgs und Rituale: Inszenierungen der Männlichkeit jenseits der Geschlechterspannung". *Paragrana* 7, 197-214.
- Buck, Elmar (Hrsg.). 1999. *Frauen & Männer. Festschrift für Renate Möhrmann.* Erfurt: Druck- und Verlagshaus Erfurt seit 1848.
- Burgess, Adrienne. 1998. *Vatermythen, Vaterbilder. Die Rolle der Männer in der Erziehung.* München, Zürich: Diana Verlag.
- Butler, Judith. 1992. [1991]. *Das Unbehagen der Geschlechter.* Frankfurt am Main: Suhrkamp.
- ___. 1995. *Körper von Gewicht. Die diskursiven Grenzen des Geschlechts.* Berlin: Berlin-Verlag.
- ___. 1998. *Haß spricht. Zur Politik des Performativen.* Berlin: Berlin-Verlag.
- Cantor, Muriel G. 1990. "Prime-time Fathers: A Study in Continuity and Change". *Critical Studies in Mass Communication* 7 (3), 275-285.
- Chambers, Iain (Hrsg.). 1996. *The Postcolonial Question. Common Skies, Divided Horizons.* New York, London: Routledge.
- Chan, Kenneth. 1998. "The construction of black male identity in contemporary action films". *Cinema Journal* 37 (2), 35-48.
- Cherlin, A. J. und F.F. Furstenberg. 1994. "Stepfamilies in the United States: A Reconsideration". *American Review of Sociology* 20 (1994), 359-381.

- Childers, Mary und Bell Hooks. 1990. "A conversation about race and class". In: Hirsch/Keller 1990, 60-82.
- Clatterbaugh, Kenneth. 1997. *Contemporary Perspectives On Masculinity.* Boulder, Oxford: Westview Press.
- Cohan, Steve und Ina Rae Hark (Hrsg.). 1993. *Screening the Male. Exploring Masculinities in Hollywood Cinema*. London, New York: Routledge.
- Collins, Jim und Hilary Radner und Ava Preacher Collins (Hrsg.). 1993. *Film Theory Goes To the Movies.* New York, London: Routledge.
- Coltrane, Scott. 1995. "The Future of Fatherhood. Social, Demographic, and Economic Influences on Men's Family Involvements". In: Marsiglio 1995a, 255-275.
- Connell, R. W. 1995. *Masculinities.* Cambridge: Polity Press.
- Coontz, Stephanie. 1992. *The Way We Never Were. American Families and the Nostalgia Trap.* New York: Basic Books.
- Craig, Steve (Hrsg.). 1992. *Men, Masculinity, and the Media.* London, New Delhi: Sage Publications.
- Cuomo, Chris J. (Hrsg.). 1999. *Whiteness. Feminist Philosophical Reflections.* Lanham: Rowman & Littlefield.
- Daly, Kerry J. 1995. "Reshaping Fatherhood: Finding the Models". In: Marsiglio 1995: 21-41.
- Dent, Gina (Hrsg.). 1992. *Black Popular Culture.* Seattle: Bay Press.
- Diawara, Manthia (Hrsg.). 1993. *Black American Cinema.* New York, London: Routledge.
- ___. 1993a. "Black American Cinema: The New Realism". In: Diawara 1993, 3-25.
- Doherty, Thomas und Jacquie Jones. 1991. "Two Takes on Boyz N the Hood". *Cineaste* 18 (4), 16-19.
- Durham, Carolyn A. 1998. *Double Takes. Culture and Gender in French Films and their American Remakes.* Dartmouth College: University Press of England.
- Dyer, Richard. 1977. *Gays And Film.* London: British Film Institute.
- ___. 1993. *The Matter of Images. Essays on Representation.* London, New York: Routledge.
- ___. 1997. *White.* London: Routledge.
- Dyson, Michael Eric. 1992. "Out of the ghetto". *Sight and Sound* II (6), 18-21.

- ___. 1993. "Between Apocalypse and Redemption: John Singleton's *Boyz N the Hood*". In: Collins/Radner Preacher Collins 1993, 209-226.
- Ehrenreich, Barbara. 1995. "The Decline of Patriarchy". In: Berger/Wallis/Watson 1990, 284-291.
- Engelfried, Constance. 1997. *Männlichkeiten. Die Öffnung des feministischen Blicks auf den Mann.* Weinheim, München: Juventa Verlag.
- Everschor, Franz. 1994. "Junior". *Filmdienst* 47 (25), 22-23.
- Farred, Grant. 1995. "No Way out of the *Menaced Society*: Loyalty within the Boundedness of Race". *Camera Obscura* 35 (1995), 6-23.
- Faßler, Manfred (Hrsg.). 2000. *Ohne Spiegel leben. Sichtbarkeiten und posthumane Menschenbilder.* München: Wilhelm Fink Verlag.
- Feinstein, Howard. 1995. "Junior". *Sight & Sound* 5 (1), 46-47.
- Felix, Jürgen (Hrsg.). 1998. *Unter die Haut: Signaturen des Selbst im Kino der Körper.* St. Augustin: Gardez!-Verlag.
- Femiano, Sam. 1991. "The Evolution of Men's Studies". *Changing Men. Issues in Gender, Sex and Politics* 22 (1991), 39.
- Fiske, John. 1987. *Television Culture.* London, New York: Routledge.
- Frankenberg, Ruth (Hrsg.). 1997. *Displacing Whiteness. Essays in Social and Cultural Criticism.* Durham: Duke University Press.
- Garber, Marjorie. 1993. *Verhüllte Interessen. Transvestismus und kulturelle Angst.* Frankfurt am Main: S. Fischer.
- Gates, Henry Louis. 1991. "Jungle Fever; Or, Guess Who's Not Coming To Dinner". In: McMillan 1991: 163-169.
- Gordon, Jacob U. und Richard G. Majors (Hrsg.). 1994. *The American Black Male. His Present Status And His Future.* Chicago: Nelson-Hall.
- Gould, Stephen Jay. 1981. *The Mismeasure Of Men.* New York: Norton.
- Grant, Barry Keith (Hrsg.). 1995. *Film Genre Reader II.* Austin: University of Texas Press.
- Green, I. 1984. "Malefunction: A contribution to the debate on masculinity in the cinema". *Screen* 25 (4-5), 36-48.
- Grossberg, Lawrence (Hrsg.). 1992. *Cultural Studies*. London, New York: Routledge.

- Guerrero, Ed. 1993. *Framing Blackness. The African-American Image in Film.* Philadelphia: Temple University Press.
- ___. 1993a. "Spike Lee and the Fever in the Racial Jungle". In: Collins/Radner/Preacher Collins 1993, 170-181.
- Hall, Stuart. 1996. "When was 'the Postcolonial'? Thinking at the Limit". In: Chambers 1996: 242-260.
- Hall, Stuart (Hrsg.). 1997. *Representation. Cultural Representation and Signifying Practices.* London, Thousand Oaks, New Delhi: Sage Publications.
- Hamacher, Rolf-Ruediger. 1994. "Mrs. Doubtfire – Das stachelige Kindermädchen". *Filmdienst* 42 (2), 24-25.
- Hanke, Robert. 1990. "Hegemonic masculinity in *thirtysomething*". *Critical Studies in Mass Communication* 7 (3), 231-248.
- Haraway, Donna. 1995. *Die Neuerfindung der Natur. Primaten, Cyborgs und Frauen.* Frankfurt am Main: Campus Verlag.
- Hearn, Jeff und Antonio Melechi. 1992. "The Transatlantic Gaze". In: Craig 1992, 215-233.
- Heilmann, Markus und Thomas Wägenbaur (Hrsg.). 1998. *Im Bann der Zeichen. Die Angst vor Verantwortung in Literatur und Literaturwissenschaft.* Würzburg: Königshausen und Neumann.
- Hicks, Robert. 1993. *The Masculine Journey. Understanding The Six Stages Of Manhood.* Colorado Springs: Navpress.
- Hill, Mike (Hrsg.). 1997. *Whiteness. A Critical Reader.* New York: New York University Press.
- Hirsch, Marianne und Evelyn Fox Keller (Hrsg.). 1990. *Conflicts in Feminism.* New York, London: Routledge.
- Hoffstadt, Stephan. 1995. *Black Cinema. Afroamerikanische Filmemacher der Gegenwart.* Marburg: Hitzeroth.
- Hofman, Wilhelm (Hrsg.). 1996. *Sinnwelt Film. Beiträge zur interdisziplinären Filmanalyse.* Baden-Baden: Nomos Verlagsgesellschaft.
- Holmlund, Chris. 1993. "Masculinity as Multiple Masquerade. The 'Mature' Stallone and the Stallone Clone". In: Cohan/Hark 1993, 213-230.
- Hooks, Bell. 1996. *Reel to Real. Race, Sex, and Class at the Movies.* New York, London: Routledge.

- Horrocks, Roger. 1994. *Masculinity in Crisis. Myths, Fantasies and Realities.* New York: St. Martin's Press.
- James, David E. und Rick Berg (Hrsg.). 1996. *The Hidden Foundation. Cinema and the Question of Class.* Minneapolis, London: University of Minnesota Press.
- James, David E. 1996a. "Introduction: Is There Class in This Text?" In: James/Berg 1996, 1-26.
- Jeffords, Susan. 1993. "The Big Switch. Hollywood Masculinity in the Nineties". In: Collins/Radner/Preacher Collins 1993, 196-208.
- ___. 1994. *Hard Bodies. Hollywood Masculinity in the Reagan Era*. New Brunswick, New Jersey: Rutgers University Press.
- Jones, Gerald. 1974. "Where have all the fathers gone?". *Films and Filming* XX/9, June 1974, 22-27.
- Joyrich, Lynne. 1991. "Tube Tied. Reproductive Politics and *Moonlightning*". In Naremore/Brantlinger 1991, 176-202.
- Kaltenecker, Siegfried. 1996. *Spie(ge)lformen. Männlichkeit und Differenz im Kino.* Basel, Frankfurt am Main: Stroemfeld Verlag.
- Kaplan, E. Ann. 1992. *Motherhood and Representation. The Mother in Popular Culture and Melodrama.* London, New York: Routledge.
- ___. 1997. *Looking for the Other. Feminism, Film and the Imperial Gaze.* London, New York: Routledge.
- Kaufman, Michael (Hrsg.). 1987. *Beyond Patriarchy.* Toronto: Oxford University Press.
- Kellner, Douglas. 1996. "Poltergeists, Gender, and Class in the Age of Reagan and Bush". In: James/ Berg 1996, 217-239.
- Kimbrell, Andrew. 1995. *The Masculine Mysthique.* New York: Ballantine.
- Kimmel, Michael S. 1987. "The contemporary 'crisis' of masculinity in historical perspective". In: Brod 1987, 121-153.
- ___. 1996. *Manhood in America. A Cultural History.* New York: Free Press.
- Kimmel, Michael S. und Thomas E. Mosmiller (Hrsg.). 1992. *Against The Tide: Pro-Feminist Men In The United States 1776-1990. A Documentary History.* Boston: Beacon Press.
- Kinder, Marsha. 1989. "Back to the Future in the 80s with Fathers & Sons, Supermen & PeeWees, Gorillas & Toons". *Film Quarterly* 42 (4), 2-11.

- Kinsman, Gary. 1987. "Men loving men: The challenge of gay liberation". In: Kaufman 1987, 103-119.
- Kipnis, Aaron R. 1991. *Knights Without Armor. A Practical Guide For Men In Quest Of Masculine Soul.* Los Angeles: Jeremy P. Tarcher, Inc.
- Kirkham, Pat und Janet Thumim (Hrsg.). 1993. *You Tarzan. Masculinity, Movies and Men.* London: Lawrence & Wishart.
- ___. 1995. *Me Jane. Masculinity, Movies and Women.* London: Lawrence & Wishart.
- Koebner, Thomas. 1998. "In der Haut der anderen. Männer als Frauen – Frauen als Männer". In: Felix 1998, 179-192.
- Krewani, Angela. 1994. "Das hybride Geschlecht. Gender-Debatte und Medienstrategien". *Arbeitshefte Bildschirmmedien Universität-GH-Siegen* 46, 25-38.
- Krützen, Michaela. 1999. "*Ted ist nicht mehr der gleiche.* Väter im Hollywoodkino der achtziger Jahre". In: Buck 1999: 101-124.
- Landweer, Hilge. 1993. "Kritik und Verteidigung der Kategorie Geschlecht". *Feministische Studien* 1993 (2), 34-43.
- Laqueur, Thomas W. 1990. "The Facts of Fatherhood". In Hirsch/ Fox Keller 1990: 205-225.
- Lehnert, Gertrud. 1997. *Wenn Frauen Männerkleider tragen. Geschlecht und Maskerade in Literatur und Geschichte.* München: Deutscher Taschenbuch Verlag.
- Lenzen, Dieter. 1991. *Vaterschaft. Vom Patriarchat zur Alimentation.* Reinbek bei Hamburg: Rowohlt.
- ___. 1997. "Zur Kulturgeschichte der Vaterschaft." *Paragrana* 6 (1997), 104-130.
- Lindemann, Gesa. 1993. "Wider die Verdrängung des Leibes aus der Geschlechtskonstruktion." *Feministische Studien* 1993 (2), 44-54.
- Lott, Tommy L. 1998. "Hollywood and independent black cinema". In: Neale/Smith 1998, 211-228.
- Loukides, Paul und Linda K. Fuller (Hrsg.). 1990. *Beyond the Stars: Stock Characters in American Popular Film.* Bowling Green, Ohio: Bowling Green State University Press.
- Lueken, Verena. 1991. "Jungle Fever". *Epd Film* 11, 34.

- Marsiglio, William (Hrsg.). 1995a. *Fatherhood. Contemporary Theory, Research, and Social Policy.* Thousand Oaks, London, New Delhi: Sage Publications.
- ___. 1995b. "Fatherhood Scholarship. An Overview and Agenda for the Future". In: Marsiglio 1995a, 1-21.
- Massood, Paula J. 1996. "Mapping the Hood: The Genealogy of City Space in *Boyz N the Hood* and *Menace II Society*". *Cinema Journal* 35 (2), 85-97.
- Matussek, Matthias. 1998. *Die vaterlose Gesellschaft. Überfällige Anmerkungen zum Geschlechterkampf.* Reinbek bei Hamburg: Rowohlt.
- May, Martha. 1997. "From Cads to Dads. The Unwed Father in American Films". *Journal of Popular Film and TV* XXV/1, Spring 1997, 2-8.
- McCartney, Bill (Hrsg.). 1992. *What Makes A Man? Twelve Promises That Will Change Your Life.* Colorado Springs: Navpress.
- McMillan, T. (Hrsg.). 1991. *Five for Five. The Films of Spike Lee.* New York: Stewart, Tahori & Chang.
- Modleski, Tania. 1988. "Three Men and Baby M". *Camera Obscura* 17 (1988), 69-81.
- ___. 1990. "The Incredible Shrinking He(r)man: Male Regression, the Male Body, and Film". *Differences: A Journal of Feminist Cultural Studies* 2 (2), 55-75.
- Mohr, Richard D. 1992. *Gay Ideas: Outing And Other Controversies.* Boston: Beacon Press.
- Möhrmann, Renate (Hrsg.). 1996. *Verklärt, Verkitscht, Vergessen. Die Mutter als ästhetische Figur.* Stuttgart, Weimar: Verlag J. B. Metzler.
- ___. 1996a. "Die vergessenen Mütter. Zur Asymmetrie der Herzen im bürgerlichen Trauerspiel". In: Möhrmann 1996, 71-91.
- Morely, David. 1992 [1980]. *Television, Audiences and Cultural Studies.* London: Routledge.
- Mosley, Jane und Elizabeth Thomson. 1995. "Fathering Behaviour and Child Outcomes. The Role of Race and Poverty". In: Marsiglio 1995, 148-166.
- Mosse, George L. 1997. *Das Bild des Mannes. Zur Konstruktion der modernen Männlichkeit.* Frankfurt am Main: S. Fischer Verlag.
- Mulvey, Laura. 1975. "Visual Pleasure And Narrative Cinema". *Screen* 16 (3), 16-18.

- Nakayama, Thomas K. und Judith N. Martin (Hrsg.). 1999. *Whiteness. The Communication of Social Identity.* Thousand Oaks: Sage.
- Naremore, James und Patrick Brantlinger (Hrsg.). 1991. *Modernity and Mass Culture.* Bloomington: Indiana University Press.
- Neale, Steve. 1993 [1983]. "Masculinity as Spectacle". In Cohan/Rae Hark 1993, 9-20.
- Neale, Steve und Murray Smith (Hrsg.). 1998. *Contemporary Hollywood Cinema.* London, New York: Routledge.
- Nixon, Sean. 1997. "Exhibiting Masculinity". In: Hall 1997, 293-330.
- Osherson, Samuel. 1996. *Und auf einmal bist Du Vater. Männer in der spannendsten Beziehung ihres Lebens.* Frankfurt, New York: Campus Verlag.
- Petersen, Alan. 1998. *Unmasking the Masculine. 'Men' and 'Identity' in a Sceptical Age.* London, Thousand Oaks, New Delhi: Sage Publications.
- Quart, Leonard und Albert Auster. 1991. *American Film and Society since 1945.* New York: Praeger Publishers.
- Rabinowitz, Frederic E. und Sam V. Cochran (Hrsg.). 1994. *Man Alive: A Primer Of Men's Issues.* Pacific Grov, California: Brooks/Cole.
- Rattigan, Neil und Thomas P. McManus. 1992. "Fathers, Sons, and Brothers. Patriarchy and Guilt in 1980s American Cinema". *Journal of Popular Film & TV* XX/1 (1992), 15-23.
- Rodowick, David Norman. 1982. "The difficulty of difference". *Wide Angle* 5 (1), 4-15.
- Röttger, Kai und Heike Paul (Hrsg.). 1999. *Differenzen in der Geschlechterdifferenz. Aktuelle Perspektiven der Geschlechterforschung.* Berlin: Erich Schmidt Verlag.
- Russo, Vito. 1981. *The Celluloid Closet. Homosexuality in the Movies.* New York: Harper & Row.
- Saltman, Benjamin. 1992. "Jungle Fever". *Film Quarterly* 45 (2), 37-41.
- Schmale, Wolfgang (Hrsg.). 1998. *MannBilder. Ein Lese- und Quellenbuch zur historischen Männerforschung.* Berlin: Berlin Verlag Arno Spitz GmbH.
- Schneider, Irmela und Christian W. Thomsen (Hrsg.). 1997. *Hybridkultur. Medien, Netze, Künste.* Köln: Wienand Verlag.
- Schneider, Irmela. 1997a. "Einleitung". In: Schneider/Thomsen 1997, 7-12.

- Schuster, Susanne. 1996. "Nobody is perfect! Männer in Frauenrollen". In: Hofmann 1996, 105-122.
- Schwarzkopf, Michael. 1998. "PHALLUS klebt allus. Transsexualität, Transvestismus und die Konstruktion von Männlichkeit". In: Heilmann/Wägenbaur 1998, 106-128.
- Seeßlen, Georg. 1996. "Arnold Schwarzenegger. Der Barbar, der Fremde, der Amerikaner". *Epd Film* 8 (1996), 21-31.
- Segal, Lynne. 1990. *Slow Motion. Changing Masculinities, Changing Men.* London: Virago.
- Seidler, Victor Jeleniewski. 1997. *Man enough. Embodying Masculinities.* London, Thousand Oaks, New Delhi: Sage Publications.
- Silverberg, Cory. 1996. "More than the Violence: A Reading of Intergenerational Relationships in *Do the Right thing* and *Jungle Fever*". *CineAction* 40, 66-72.
- Silverman, Kaja. 1992. *Male Subjectivity at the Margins.* New York, London: Routledge.
- Sobchack, Vivian. 1986. "Child/Alien/Father: Patriarchal Crisis and Generic Exchange". *Camera Obscura* 15, 7-34.
- Spivak, Gayatri Chakravorty. 1987. *In Other Worlds. Essays In Cultural Politics.* New York: Routledge.
- Stiftinger, Edeltraud (Hrsg.). 1995. *Gender Challenge. Zu Verwirrungen um Geschlechteridentitäten.* Wien: Zukunfts- und Kulturwerkstätte.
- Straayer, Chris. 1995. "Redressing the 'Natural': The Temporary Transvestite Film". In: Grant 1995, 402-427.
- Tasker, Yvonne. 1998. *Working Girls. Gender and Sexuality in Popular Cinema.* London, New York: Routledge.
- Terkel, Studs. 1984. *Working.* New York: Random House.
- Thomson, David. 1995. "Really a part of me". *Film Comment* 31 (1), 17-29.
- Tillner, Georg und Siegfried Kaltenecker. 1995. "Objekt Mann. Zur Kritik der heterosexuellen Männlichkeit in der englischsprachigen Filmtheorie." *Frauen und Film* 56/57, 115-131.
- Tolson, Andrew. 1977. *The Limits Of Masculinity.* New York: Harper & Row.
- Traube, Elizabeth G. 1992. *Dreaming Identities. Class, Gender and Generation in 1980s Hollywood Movies.* Boulder, San Francisco, Oxford: Westview Press.

- Wallace, Michele. 1992. "Boyz N the Hood and Jungle Fever". In: Dent 1992, 123-131.
- Walter, Willi. 1996. "Männer entdecken ihr Geschlecht. Zu Inhalten, Zielen, Fragen und Motiven von Kritischer Männerforschung". In: BauSteineMänner 1996, 13-26.
- Ward, Carol M. 1990. "The Hollywood Yuppie: 1980-1988". In Loukides/Fuller 1990, 97-110.
- Warth, Eva. 1995. "Man Trouble, Gender Double. Zur (De-)konstruktion von Geschlecht und Ethnizität in *The Crying Game* (N. Jordan, 1992) und *M. Butterfly* (D. Cronenberg, 1992/3)". In: Stiftinger 1995, 122-140.
- Waugh, Thomas. 1977. "Films by Gays for Gays". *Jump Cut* 16 (1977), 21-34.
- Wefel, Claudia. 1992. "Boyz N the Hood". *Epd Film* 2 (1992), 40.
- White, Arnold. 1991. "Flipper Purify and Furious Styles". *Sight and Sound* I (4), August 1991, 8-13.
- Wiegman, Robyn. 1993. "Feminism, 'The Boyz', And Other Matters Regarding the Male". In: Cohan/Hark 1993, 173-194.
- Williamson, Judith. 1988. "Having Your Baby And Eating It". *New Statesman* 15 April 1988, 44-45.
- Young, Lola. 1996. *Fear of the Dark. 'Race', Gender and Sexuality in the Cinema.* London, New York: Routledge.
- Zahlmann, Stefan. 1998. "Geregelte Identität. Männlichkeitskonzepte und Partnerschaft im Spielfilm der DDR". In: Schmale 1998, 221-252.
- Zander, Peter. 1995. "Junior". *Epd Film* 1 (1995), 41.
- Zeh, Julia. 2000. "Der neu gewichtete Körper. Materialität und Subversion bei Judith Butler". *Kölner Forum Frau und Hochschule* 2000 (1), 17-27.

Filmverzeichnis

Das Filmverzeichnis umfasst eine Auflistung aller im Text erwähnten Filme. Die Untersuchung der Filme bezieht sich durchgehend auf die deutsch-synchronisierte Fassung, es sei denn, es wird im Textkorpus auf eine Publikation Bezug genommen, die den Film eigenständig erläutert.

American Beauty USA 1999

Regie: Sam Mendes, Produktion: Bruce Cohan, Dan Jinks, Buch: Alan Ball, Kamera: Conrad L. Hall, Musik: Thomas Newman, Verleih: UIP, Länge: 122 Minuten

Darsteller: Kevin Spacey (Lester Burnham), Annette Bening (Carolyn Burnham), Thora Birch (Jane Burnham), Mena Suvari (Angela Hayes), Wes Bentley (Ricky), Peter Gallagher (Buddy Kane)

Birth Of A Nation (Die Geburt einer Nation) USA 1915

Regie: David Wark Griffith, Produktion: David Wark Griffith, Buch: David Wark Griffith, Frank E. Woods, nach Romanen von Thomas Dixon, Kamera: G. W. Bitzer, Karl Brown, Musik: Joseph Carl Breil, David Wark Griffith (nachträglich), Verleih: offen, Länge: 120 Minuten

Darsteller: Lillian Gish (Elsie Stoneman), Mae Marsh (Flora Cameron), Henry B. Walthall (Ben Cameron), Miriam Cooper (Margaret Cameron), Mary Alden (Lydia Brown)

Boyz N the Hood (Jungs im Viertel) USA 1991

Regie: John Singleton, Produktion: Steve Nicolaides, Buch: John Singleton, Kamera: Charles Mills, Musik: Stanley Clarke, Verleih: Columbia Tri-Star, Länge: 112 Minuten

Darsteller: Ice Cube (Doughboy Baker), Cuba Gooding Jnr (Tre Styles), Morris Chestnut (Ricky Baker), Larry Fishburne (Furious Styles), Tyra Ferrell (Mrs. Baker), Angela Bassett (Reva Styles)

Commando (Phantom-Kommando) USA 1985

Regie: Mark L. Lester, Produktion: Joel Silver, Buch: Joseph Loeb, Matthew Weisman, Stephen E. de Souzal, Kamera: Matthew F. Leonetti, Musik: James Horner, Verleih: 20th Century Fox, Länge: 90 Minuten

Darsteller: Arnold Schwarzenegger (Matrix), Rae Dawn Chong (Cindy), Dan Hedaya (Arius), Alyssa Milano (General Kirby), Vernon Wells (Bennett)

Conan The Barbarian (Conan der Barbar) USA 1981

Regie: John Milius, Produktion: Buzz Feitshans, Raffaela de Laurentiis, Buch: John Milius, Oliver Stone, nach einer Romanfigur von Robert E. Howard, Kamera: Duke Callaghan, Musik: Basil Poledouris, Verleih: Neue Constantin, Länge: 126 Minuten

Darsteller: Arnold Schwarzenegger (Conan), James Earl Jones (Thulsa Doom), Sandahl Bergman (Valeria), Max von Sydow (König Osric)

Conan The Destroyer (Conan der Zerstörer) USA 1984

Regie: Richard Fleischer, Produktion: Raffaela de Laurentiis, Buch: Stanley Mann, nach einer Erzählung von Roy Thomas und Gerry Conway, Kamera: Jack Cardiff, Musik: Basil Poledouris, Verleih: Neue Constantin, Länge: 101 Minuten

Darsteller: Arnold Schwarzenegger (Conan), Grace Jones (Zula), Wilt Chamberlain (Bombaata), Tracey Walter (Malak)

Dressed To Kill USA 1980

Regie: Brian de Palma, Produktion: George Litto, Buch: Brian de Palma, Kamera: Ralf D. Bode, Musik: Pino Donaggio, Verleih: Jugendfilm, Länge: 106 Minuten

Darsteller: Michael Caine (Dr. Robert Elliott), Angie Dickinson (Kate Miller), Nancy Allen (Liz Blake), Keith Gordon (Peter Miller), Dennis Franz (Detective Marino)

Dr. Jekyll And Mr. Hyde (Dr. Jekyll und Mr. Hyde) USA 1931

Regie: Rouben Mamoulian, Produktion: Rouben Mamoulian, Buch: Samuel Hoffenstein, Percy Heath, nach dem Roman von Robert Louis Stevenson, Kamera: Karl Struss, Musik: Johann Sebastian Bach, Robert Schumann, Verleih: offen, Länge: 90 Minuten

Darsteller: Fredric March (Dr. H. Jekyll/ Mr. B. Hyde), Miriam Hopkins (Ivy Pierson), Rose Hobart (Muriel Carew), Holmes Herbert (Dr. Lanyon)

Drop Out Father (Vater kratzt die Kurve) USA 1982

Regie: Don Taylor, Produktion: Bob Shanks, Ann Shanks, Buch: Bob Shanks, Kamera: Gerald Perry Finnerman, Musik: Peter Matz, Verleih: offen, Länge: 91 Minuten

Darsteller: Dick van Dyke (Ed McCall), Mariette Hartley (Katherine McCall), William Daniels (George McCall)

Eraser USA 1996

Regie: Chuck Russell, Produktion: Arnold Kopelson, Anne Kopelson, Buch: Tony Puryear, Walon Green, Kamera: Adam Greenberg, Musik: Alan Silvestri, Verleih: Warner Bros, Länge: 115 Minuten

Darsteller: Arnold Schwarzenegger (Eraser), James Caan (Deguerin), Vanessa Williams (Lee), James Coburn (Beller), Robert Pastorelli (Johnny C.), Danny Nucci (Monroe)

Erin Brockovich USA 1999

Regie: Steven Soderbergh, Produktion: Danny de Vito, Michael Shamberg, Stacey Sher, Buch: Susannah Grant, Kamera: Ed Lachman, Musik: Thomas Newman, Verleih: Columbia TriStar, Länge: 130 Minuten

Darsteller: Julia Roberts (Erin Brockovich), Albert Finney (Ed Masry), Aaron Eckhart (Nachbar George)

Fatal Attraction (Eine verhängnisvolle Affäre) USA 1987

Regie: Adrian Lyne, Produktion: Sherry Lansing, Buch: James Deardon, Kamera: Howard Atherton, Musik: Maurice Jarre, Verleih: UIP, Länge: 119 Minuten

Darsteller: Michael Douglas (Dan Gallagher), Glenn Close (Alex Forrest), Anne Archer (Beth Gallagher), Ellen Hamilton Latzen (Ellen Gallagher), Stuart Pankin (Jimmy)

First Blood (Rambo) USA 1982

Regie: Ted Kotcheff, Produktion: Ted Kotcheff, Buch: Michael Kozoll, William Sackheim, Sylvester Stallone, nach einem Roman von David Morell, Kamera: Andrew Laszlo, Musik: Jerry Goldsmith, Verleih: Scotia, Länge: 94 Minuten

Darsteller: Sylvester Stallone (Rambo), Richard Crenna (Trautman)

Guess Who's Coming To Dinner (Rate mal, wer zum Essen kommt) USA 1967

Regie: Stanley Kramer, Produktion: Stanley Kramer, Buch: William Rose, Kamera: Sam Leavitt, Musik: Frank de Vol, Verleih: Columbia-Bavaria, Länge: 108 Minuten

Darsteller: Spencer Tracey (Matt Drayton), Katharine Hepburn (Christina Drayton), Sidney Poitier (Dr. John Prentice), Katharine Houghton (Joey Drayton)

Grease (Schmiere) USA 1978

Regie: Randal Kleiser, Produktion: Robert Stigwood, Allan Carr, Buch: Bronte Woodard, Allan Carr, nach einem Musical von Jim Jacobs und Warren Casey, Kamera: Bill Butler, Musik: Jim Jacobs, Warren Casey, Barry Gibb, John Farrar, Scott J. Simon, Verleih: CIC, Länge: 111 Minuten

Darsteller: John Travolta (Danny), Olivia Newton-John (Sandy), Stockard Channing (Rizzo), Jeff Conaway (Kenickie), Edward Byrnes (Vince Fontaine)

Head Office (Männer für jeden Job) USA 1986

Regie: Ken Finkleman, Produktion: Debra Hill, Buch: Ken Finkleman, Kamera: Gerald Hirschfeld, Musik: James Newton Howard, Verleih: Cannon, Länge: 87 Minuten

Darsteller: Judge Reinhold (Jack Issel), Lori-Nan Engler (Rachael Helmes), Merritt Butrick (John Hudson), Jane Seymour (Jane)

Jerry Maguire (Jerry Maguire – Spiel des Lebens) USA 1996

Regie: Cameron Crowe, Produktion: James L. Brooks, Laurence Mark, Richard Sakai, Cameron Crowe, Buch: Cameron Crowe, Kamera: Janusz Kaminski, Musik: Danny Bramson, Verleih: Columbia TriStar, Länge: 188 Minuten
Darsteller: Tom Cruise (Jerry Maguire), Cuba Gooding jr. (Rod Tidwell), Renee Zellweger (Dorothy Boyd), Kelly Preston (Avery Bishop), Bonnie Hunt (Laurel Boyd)

Jingle All The Way (Versprochen ist versprochen) USA 1996

Regie: Brian Levant, Produktion: Michael Barnathan, Jennifer Blum, Chris Columbus, Buch: Randy Kornfield, Kamera: Victor J. Kemper, Musik: David Newman, Verleih: 20th Century Fox, Länge: 88 Minuten
Darsteller: Arnold Schwarzenegger (Howard Langston), Rita Wilson (Liz Langston), Jake Lloyd (Jamie Langston), Robert Conrad (Officer Hummel), Phil Hartman (Ted Maltin)

Jungle Fever USA 1991

Regie: Spike Lee, Produktion: Spike Lee, Buch: Spike Lee, Kamera: Ernest Dickerson, Musik: Stevie Wonder, Verleih: UIP, Länge: 132 Minuten
Darsteller: Wesley Snipes (Flipper Purify), Annabella Sciorra (Angie Tucci), Spike Lee (Cyrus), Ossie Davies (The Good Reverend Doctor Purify), Ruby Dee (Lucinda Purify), Samuel L. Jackson (Gator Purify), Lonette McKee (Drew Purify), John Tuturro (Paulie Carbone), Anthony Quinn (Lou Carbone),Veronica Timbers (Ming Purify)

Junior USA 1994

Regie: Ivan Reitman, Produktion: Ivan Reitman, Buch: Kevin Wade, Chris Conrad, Kamera: Adam Greenberg, Musik: James Newton Howard, Verleih: UIP, Länge: 110 Minuten

Darsteller: Arnold Schwarzenegger (Dr. Alexander Hesse), Danny de Vito (Dr. Larry Arbogast), Emma Thompson (Dr. Diana Reddin), Frank Langella (Noah Banes), Pamela Reed (Angela Arbogast), Aida Tuturro (Louise)

Kindergarten Cop USA 1990

Regie: Ivan Reitman, Produktion: Ivan Reitman, Brian Grazer, Buch: Murray Salem, Herschel Weingrod, Timothy Harris, Kamera: Michael Chapman, Musik: Randy Edelman, Verleih: UIP, Länge: 111 Minuten

Darsteller: Arnold Schwarzenegger (John Kimble), Penelope Ann Miller (Joyce), Pamela Reed (Phoebe), Linda Hunt (Miss Schlowski), Richard Tyson (Crisp)

Kramer vs. Kramer (Kramer gegen Kramer) USA 1979

Regie: Robert Benton, Produktion: Stanley R. Jaffe, Buch: Robert Benton, Kamera: Nestor Almendros, Musik: Henry Purcell, Verleih: Warner-Columbia, Länge: 104 Minuten

Darsteller: Dustin Hoffman (Ted Kramer), Meryl Streep (Joanna Kramer), Justin Henry (Billy Kramer)

Look Who's Talking (Kuck' mal, wer da spricht) USA 1989

Regie: Amy Heckerling, Produktion: Jonathan D. Crane, Buch: Amy Heckerling, Kamera: Thomas Del Ruth, Musik: David Kitay, Verleih: Columbia Tri-Star, Länge: 96 Minuten

Darsteller: Kirstie Alley (Mollie), John Travolta (James), George Segal (Albert), Olympia Dukakis (Rosie), Abe Vigoda (Grandpa), Twink Caplan (Rona)

Magnolia USA 1999

Regie: Paul Thomas Anderson, Produktion: Joanne Sellars, Daniel Lugi, Buch: Paul Thomas Anderson, Kamera: Robert Elswit, Musik: Jon Brion, Songs von Aimee Mann, Verleih: Kinowelt, Länge: 188 Minuten

Darsteller: Jason Robards (Earl Partridge), Julianne Moore (Linda Partridge), Tom Cruise (Frank T. J. Mackey), Philip Baker Hall (Jimmy Gator), William H. Macy (Donnie Smith), John C. Reilly (Jim Kurring)

Menace II Society USA 1993

Regie: Allen Hughes, Albert Hughes, Produktion: Darin Scott, Buch: Tyger Williams, Kamera: Lisa Rinzler, Musik: QD III, Verleih: 20th Century Fox, Länge: 97 Minuten

Darsteller: Tyrin Turner (Caine), Larenz Tate (O-Dog), Toshi Toda (Lebensmittelhändler), June Kyoko Lu (Frau des Lebensmittelhändlers), Samuel L. Jackson (Tat Lawson), Jada Pinkett (Ronnie)

Mr. Mom USA 1983

Regie: Stan Dragoti, Produktion: Lynn Loring, Lauren Shuler, Buch: John Hughes, Kamera: Victor J. Kemper, Musik: Lee Holdrige, Verleih: Jugendfilm, Länge: 87 Minuten

Darsteller: Teri Garr (Caroline), Michael Keaton (Jack), Frederick Koehler (Alex), Taliesin Jaffe (Kenny), Miriam Flynn (Annette)

Mrs. Doubtfire USA 1993

Regie: Chris Columbus, Produktion: Robin Williams, Marsha Garces Williams, Mark Radcliffe, Buch: Randi Mayem Singer, Leslie Dixon, nach dem Roman "Alias Madam Doubtfire" von Anne Fine, Kamera: Donald McAlpine, Musik: Howard Shore, Verleih: 20th Century Fox, Länge: 125 Minuten

Darsteller: Robin Williams (Daniel Hillard/ Mrs. Doubtfire), Sally Field (Miranda Hillard), Pierce Brosnan (Steward), Harvey Fierstein (Frank), Lisa Jakub (Lydia Hillard), Matthew Lawrence (Chris Hillard), Mara Wilson (Natalie Hillard)

New Jack City USA 1991

Regie: Mario Van Peebles, Produktion: Doug McHenry, George Jackson, Buch: Thomas Lee Wright, Barry Michael Cooper, Kamera: Francis Kenny, Musik: Michel Colombier, Verleih: Warner Bros, Länge: 100 Minuten

Darsteller: Wesley Snipes (Nino Brown), Ice-T (Scotty Appleton), Allen Payne (Gee Money), Chris Rock (Pookie), Judd Nelson (Nick Peretti)

One Fine Day (Tage wie dieser) USA 1996

Regie: Michael Hoffman, Produktion: Lynda Obst, Buch: Terrel Seltzer, Ellen Simon, Kamera: Oliver Stapleton, Musik: James Newton Howard, Verleih: 20th Century Fox, Länge: 108 Minuten
Darsteller: Michelle Pfeiffer (Melanie Parker), George Clooney (Jack Taylor), Mae Whitman (Maggie Taylor), Alex D. Linz (Sammy Parker), Ellen Greene (Elaine Lieberman), Joe Grifasi (Manny Feldstein)

Oscar (Oscar – Vom Regen in die Traufe) USA 1991

Regie: John Landis, Produktion: Leslie Belzberg, Buch: Michael Barrie, Jim Mulholland, nach einem Theaterstück von Claude Magnier, Kamera: Mac Ahlberg, Musik: Elmer Bernstein, Verleih: Warner Bros, Länge: 109 Minuten
Darsteller: Sylvester Stallone (Angelo "Snaps" Provolone), Ornella Muti (Sofia Provolone), Peter Riegert (Aldo), Chazz Palminteri (Connie), Vincent Spano (Anthony)

Psycho USA 1960

Regie: Alfred Hitchcock, Produktion: Alfred Hitchcock, Buch: Joseph Stefano, nach einem Roman von Robert Bloch, Kamera: John L. Russell, Musik: Bernard Herrmannn, Verleih: Paramount, Länge: 110 Minuten
Darsteller: Anthony Perkins (Norman Bates), Janet Leigh (Marion Crane), Vera Miles (Lila Crane), John Gavin (Sam Loomis), John McIntire (Al Chambers), Martin Balsam (Milton Arbogast), Lurene Tuttle (Mrs. Chambers)

Rambo: First Blood Part Two (Rambo II – Der Auftrag) USA 1985

Regie: George Pan Cosmatos, Produktion: Buzz Feitshans, Buch: Sylvester Stallone, James Cameron, Kamera: Jack Cardiff, Musik: Jerry Goldsmith, Verleih: Scotia, Länge: 96 Minuten

Darsteller: Sylvester Stallone (John Rambo), Richard Crenna (Trautman), Charles Napier (Murdock), Julia Nickson-Soul (Co Bao)

Rambo III USA 1987

Regie: Peter MacDonald, Produktion: Buzz Feitshans, Buch: Sylvester Stallone, Sheldon Lettich, Kamera: John Stanier, Musik: Jerry Goldsmith, Verleih: Jugendfilm, Länge: 100 Minuten

Darsteller: Sylvester Stallone (Rambo), Richard Crenna (Trautman), Marc de Jonge (Colonel Zaysen), Kurtwood Smith (Griggs), Spiros Focas (Masoud)

Raw Deal (Der City Hai) USA 1986

Regie: John Irving, Produktion: Martha Schumacher, Buch: Gary DeVore, Norman Wexler, Kamera: Alex Thomson, Musik: div. Songs, Verleih: Cine-Vox, Länge: 105 Minuten

Darsteller: Arnold Schwarzenegger (Mark Kaminsky), Kathryn Harrold (Monique Tyler), Sam Wanamaker (Luigi Patrovita), Paul Shenar (Paulo Rocca), Ed Lauter (Baker), Robert Davi (Max)

Red Sonja (Red Sonja – Die Rache der Schwertkämpferin) USA 1985

Regie: Richard Fleischer, Produktion: Christian Ferry, Buch: Clive Exton, George MacDonald, Kamera: Giuseppe Rotunno, Musik: Ennio Morricone, Verleih: Tobis, Länge: 88 Minuten

Darsteller: Brigitte Nielsen (Sonja), Arnold Schwarzenegger (Kalidor), Sandahl Bergman (Königin Gedren), Paul Smith (Falkon), Ernie Reyes jr. (Tarn), Ronald Lacey (Ikol), Pat Roach (Brytag)

Rocky USA 1976

Regie: John G. Avildsen, Produktion: Irwin Winkler, Robert Chartoff, Buch: Sylvester Stallone, Kamera: James Crabe, Musik: Bill Conti, Verleih: United Artists, Länge: 118 Minuten

Darsteller: Sylvester Stallone (Rocky Balbao), Talia Shire (Adrian), Burt Young (Paulie), Burgess Meredith (Mickey), Carl Weathers (Apollo Creed), Thayer David (Miles Jergens), Joe Spinell (Tom Gazzo)

Rocky II USA 1978

Regie: Sylvester Stallone, Produktion: Irwin Winkler, Robert Chartoff, Buch: Sylvester Stallone, Kamera: Bill Butler, Musik: Bill Conti, Verleih: United Artists, Länge: 116 Minuten

Darsteller: Sylvester Stallone (Rocky Balbao), Talia Shire (Adrian), Burt Young (Paulie), Burgess Meredith (Mickey), Carl Weathers (Apollo Creed), Tony Burton (Apollos Trainer), Joe Spinell (Gazzo)

Rocky III (Rocky III – Das Auge des Tigers) USA 1981

Regie: Sylvester Stallone, Produktion: Irwin Winkler, Robert Chartoff, Buch: Sylvester Stallone, Kamera: Bill Butler, Musik: Bill Conti, Verleih: UIP, Länge: 99 Minuten

Darsteller: Sylvester Stallone (Rocky Balbao), Talia Shire (Adrian), Burt Young (Paulie), Carl Weathers (Apollo Creed), Burgess Meredith (Mickey)

Rocky IV (Rocky IV – Der Kampf des Jahrhunderts) USA1985

Regie: Sylvester Stallone, Produktion: Irwin Winkler, Robert Chartoff, Buch: Sylvester Stallone, Kamera: Bill Butler, Musik: Vince DiCola, Verleih: UIP, Länge: 92 Minuten

Darsteller: Sylvester Stallone (Rocky Balboa), Talia Shire (Adrian), Dolph Lundgren (Ivan Drago), Burt Young (Paulie), Carl Weathers (Apollo Creed)

Rocky V USA 1990

Regie: John G. Avildsen, Produktion: Irwin Winkler, Robert Chartoff, Buch: Sylvester Stallone, Kamera: Steven Poster, Musik: Bill Conti, Verleih: UIP, Länge: 104 Minuten

Darsteller: Sylvester Stallone (Rocky Balboa), Talia Shire (Adrian), Burt Young (Paulie), Sage Stallone (Rocky jr.), Tommy Morrison (Tommy), Burgess Meredith (Mickey), Richard Gant (George W. Duke), Tony Burton (Tony)

Saturday Night Fever (Nur Samstag Nacht) USA 1977

Regie: John Badham, Produktion: Robert Stigwood, Buch: Norman Wexler, nach einer Story von Nik Cohn, Kamera: Ralf D. Bode, Musik: Barry Gibb, Robin Gibb, Maurice Gibb (The Bee Gees), David Shire, Verleih: CIC, Länge: 119 Minuten

Darsteller: John Travolta (Tony Manero), Karen Lynn Gorney (Stephanie), Barry Miller (Bobby C.), Donna Pescow (Annette), Joseph Cali (Joey)

She's Having a Baby (She's having a baby – Kinderleicht ins große Glück) USA 1988

Regie: John Hughes, Produktion: John Hughes, Buch: John Hughes, Kamera: Don Peterman, Musik: Stewart Copeland, Verleih: CIC, Länge: 102 Minuten

Darsteller: Kevin Bacon (Jake Briggs), Elizabeth McGovern (Kristy), Alec Baldwin (Davis), William Windom (Russ Bainbridge), James Ray (Jim Briggs)

Stay Hungry (Mr. Universum) USA 1976

Regie: Bob Rafelson, Produktion: Harold Schneider. Bob Rafelson, Buch: Charles Gaines, Bob Rafelson, nach einem Roman von Charles Gaines, Kamera: Victor J. Kemper, Musik: Bruce Langhorne, Byron Berline, Verleih: Warner Bros, Länge: 99 Minuten

Darsteller: Jeff Bridges (Craig Blake), Sally Field (Mary Tate Farnsworth), Arnold Schwarzenegger (Joe Santo), R.G. Armstrong (Thor Erickson), Robert Englund (Franklin), Helena Kallianiotes (Anita), Roger E. Mosley (Newton)

Staying Alive USA 1982

Regie: Sylvester Stallone, Produktion: Robert Stigwood, Sylvester Stallone, Buch: Norman Wexler, Sylvester Stallone, nach Charakteren von Nik Cohn, Kamera: Nick McLean, Musik: The Bee Gees, Frank Stallone, Johnny Mandel, Verleih: UIP, Länge: 96 Minuten

Darsteller: John Travolta (Tony Manero), Cynthia Rhodes (Jackie), Finola Hughes (Laura), Steve Inwood (Jesse), Julie Bovasso (Tonys Mutter)

Stop! Or My Mom Will Shoot! (Stop! Oder meine Mami schießt!) USA 1992

Regie: Roger Spottiswoode, Produktion: Ivan Reitman, Joe Medjuck, Michael C. Gross, Buch: Blake Snyder, William Osborne, William Davies, Kamera: Frank Tidy, Musik: Alan Silvestri, Verleih: UIP, Länge: 87 Minuten

Darsteller: Sylvester Stallone (Joe Bomowski), Estelle Getty (Tutti), Jo Beth Williams (Gwen Harper), Roger Rees (Parnell), Martin Ferro (Paulie)

Straight Out Of Brooklyn USA 1991

Regie: Matty Rich, Produktion: Matty Rich, Buch: Matty Rich, Kamera: John Rosnell, Musik: Harold Wheeler, Verleih: Samuel Goldwyn Company, Länge: 83 Minuten

Darsteller: George T. Odom (Ray Brown), Ann D. Sanders (Frankie Brown), Lawrence Gilliard Jr. (Dennis Brown), Matty Rich (Larry), Mark Malone (Kevin)

Terminator 2 – Judgement Day (Terminator 2 – Tag der Abrechnung) USA 1990

Regie: James Cameron, Produktion: James Cameron, Buch: James Cameron, William Wisher, Kamera: Adam Greenberg, Musik: Brad Fiedel, Verleih: Columbia TriStar, Länge: 137 Minuten

Darsteller: Arnold Schwarzenegger (Terminator), Linda Hamilton (Sarah Connor), Edward Furlong (John Connor), Robert Patrick (T-1000), Earl Boen (Dr. Silberman), Joe Morton (Miles Dyson)

The Fly (Die Fliege) USA 1985

Regie: David Cronenberg, Produktion: Stuart Cornfeld, Buch: Charles Edward Pogue, David Cronenberg, nach einer Erzählung von George Langelaan, Kamera: Mark Irwin, Musik: Howard Shore, Verleih: 20th Century Fox, Länge: 95 Minuten

Darsteller: Jeff Goldblum (Seth Brundle), Geena Davis (Veronica Quaife), John Getz (Stathis Borans), David Cronenberg (Gynäkologe)

The Man With The X-Ray Eyes (Der Mann mit den Röntgenaugen) USA 1963

Regie: Roger Corman, Produktion: Roger Corman, Buch: Robert Dillon, Ray Russell, Kamera: Floyd Crosby, Musik: Les Baxter, Verleih: offen, Länge: 80 Minuten

Darsteller: Ray Milland (Dr. James Xavier), Diana van der Vlis (Dr. Diane Fairfax), Harold J. Stone (Dr. Brant), Don Rickles (Crane), John Hoyt (Dr. Benson)

The Predator USA 1987

Regie: John McTiernan, Produktion: Lawrence Gordon, Joel Silver, John Davis, Buch: John Thomas, Jim Thomas, Kamera: Donals McAlpine, Musik: Alan Silvestri, Verleih: 20th Century Fox, Länge: 107 Minuten

Darsteller: Arnold Schwarzenegger (Dutch Schaefer), Carl Weathers (Dillon), Elpidia Carrillo (Anna), Bill Duke (Mac), Jesse Ventura (Blain)

The Running Man USA 1988

Regie: Paul Michael Glaser, Produktion: Tim Zinnemann, Georg Lindner, Buch: Steven E. de Souza, nach einem Roman von Richard Bachman (= Steven King), Kamera: Thomas Del Ruth, Reynaldo Villalobos Musik: Harold Faltermeyer, Verleih: Neue Constantin, Länge: 100 Minuten

Darsteller: Arnold Schwarzenegger (Ben Richards), Maria Conchita Alonso (Amber Mendez), Richard Dawson (Damon Killian), Gus Rethwisch (Stalker), Eddie Bunker (Lenny)

The Terminator (Terminator) USA 1984

Regie: James Cameron, Produktion: Gale Anne Hurd, Buch: Gale Ann Hurd, James Cameron, William Wisher jr., Kamera: Adam Greenberg, Musik: Brad Fiedel, Verleih: Cine-Contor, Länge: 107 Minuten

Darsteller: Arnold Schwarzenegger (Terminator), Michael Biehn (Kyle Reese), Linda Hamilton (Sarah Conner), Paul Winfield (Traxler), Lance Henriksen (Vukovich), Shawn Schepps (Nancy), Rick Rossovich (Matt)

Three Men and a Baby (Noch drei Männer, noch ein Baby) USA 1987

Regie: Leonard Nimoy, Produktion: Ted Field, Robert W. Cort, Buch: James Orr, Jim Cruickshank, nach einem Film von Coline Serreau, Kamera: Adam Greenberg, Musik: Marvin Hamlisch, Verleih: Warner Bros, Länge: 108 Minuten

Darsteller: Tom Selleck (Peter Mitchell), Steve Guttenberg (Michael Kellam), Ted Danson (Jack Holden)

Tootsie USA 1982

Regie: Sidney Pollack, Produktion: Sydney Pollack, Dick Richards, Buch: Larry Gelbart, Murray Schisgal, nach einer Erzählung von Don McGuire und Larry Gelbart, Kamera: Owen Roizman, Musik: Dave Grusin, Verleih: Warner-Columbia, Länge: 116 Minuten

Darsteller: Dustin Hoffman (Michael Dorsey/Dorothy), Jessica Lange (Julie), Teri Garr (Sandy), Sydney Pollack (George Fields), Dabney Coleman (Ron), Charles Durning (Les), Bill Murray (Jeff), Geena Davis (April)

True Lies USA 1993

Regie: James Cameron, Produktion: James Cameron, Stephanie Austin, Buch: James Cameron, nach Motiven des französischen Spielfilms *La Totale* von Claude Zidi, Kamera: Russell Carpenter, Musik: Brad Fiedel, Verleih: Jugendfilm, Länge: 141 Minuten
Darsteller: Arnold Schwarzenegger (Harry Tasker), Tom Arnold (Gib), Jamie Lee Curtis (Helen), Bill Paxton (Simon), Tia Carrere (Juno), Eliza Dushku (Dana), Art Malik (Aziz)

Twins (Twins – Zwillinge) USA 1988

Regie: Ivan Reitman, Produktion: Ivan Reitman, Buch: William Davies, William Osborne, Timothy Harris, Herschel Weingrod, Kamera: Andrzej Bartkowiak, Musik: Georges Delerue, Verleih: UIP, Länge: 108 Minuten
Darsteller: Arnold Schwarzenegger (Julius Benedict), Danny De Vito (Vincent Benedict), Kelly Preston (Marnie Mason), Chloe Webb (Linda Mason), Bonnie Bartlett (Mary Ann Benedict)

Victor/Victoria (Viktor und Viktoria) USA 1982

Regie: Blake Edwards, Produktion: Blake Edwards, Tony Adams, Buch: Blake Edwards, nach dem Film *Viktor und Viktoria* von Reinhold Schünzel, Kamera: Dick Bush, Musik: Henry Mancini, Verleih: UIP, Länge: 134 Minuten
Darsteller: Julie Andrews (Victor/Victoria), James Garner (Mr. King), Robert Preston (Toddy), Lesley Ann Warren (Norma), Alex Karras (Squash), John Rhys-Davies (Cassell), Graham Stark (Kellner)

Working Girl (Die Waffen der Frauen) USA 1988

Regie: Mike Nichols, Produktion: Douglas Wick, Buch: Kevin Wade, Kamera: Michael Ballhaus, Musik: Carly Simon, Verleih: CentFox, Länge: 113 Minuten
Darsteller: Harrison Ford (Jack Trainer), Sigourney Weaver (Katherine Parker), Melanie Griffith (Tess McGill), Alec Baldwin (Mick Dugan), Joan Cusack (Cyn)

Dieser Titel wurde uns vermittelt durch die
B&P Verlagsagentur Berlin
www.zauberspace.de
info@zauberspace.de